ZO BEN IK NU EENMAAL!

Prof.Dr. A.J.W. van der Does is klinisch psycholoog, en werkt bij het departement Psychologie van de Universiteit Leiden en de afdeling Psychiatrie van het Leids Universitair Medisch Centrum. Indien u informatie wenst over lezingen, cursussen of coachings, kunt u het contactadres vinden op de website: www.zobeniknueenmaal.nl

WILLEM VAN DER DOES

Zo ben ik nu eenmaal!

Lastpakken, angsthazen en buitenbeentjes

MET TEKENINGEN VAN
PETER VAN STRAATEN

SCRIPTUM PSYCHOLOGIE

Bezoek ons op internet: www.scriptum.nl

1e druk, mei 2004
2e druk, september 2004
3e gewijzigde druk, januari 2005

Copyright © 2004, 2005 Willem van der Does
Illustraties binnenwerk en achterplat © 2004 Peter van Straaten
Basisvormgeving Joost van de Woestijne

All rights reserved. No part of this book may be reproduced or transmitted in any form or by any other means, electronic or mechanical, including photocopying, recording or by any other information storage and retrieval system, without permission from the publisher.

ISBN 90 5594 346 0 – NUR 770 Psychologie Algemeen

Inhoud

Voorwoord
Lastpakken, angsthazen en buitenbeentjes 7

Macht en bewondering
Narcistische persoonlijkheid 13

Aandacht en nog eens aandacht
Theatrale persoonlijkheid (hysterie) 39

Egoïstisch en meedogenloos
Antisociale persoonlijkheid (psychopathie) 52

Instabiel en impulsief
Borderline persoonlijkheid 63

Hulpeloos en onderdanig
Afhankelijke persoonlijkheid 74

Controle en perfectie
Dwangmatige persoonlijkheid 86

Schaamte en faalangst
Vermijdende persoonlijkheid 102

Afstandelijk en zonderling
Vreemde, excentrieke persoonlijkheden 117

Grenzen en mogelijkheden
Diagnoses, oorzaken en behandelingen 133

Verantwoording & dankwoord 148

Voorwoord
Lastpakken, angsthazen en buitenbeentjes

Sommige mensen raken door hun persoonlijkheid voortdurend in de knoei, of bezorgen hun omgeving enorme overlast. Deze mensen hebben wellicht een van de tien persoonlijkheidsstoornissen die de klinische psychologie en psychiatrie herkennen. Slechts weinig mensen hebben een persoonlijkheids*stoornis*, maar trekjes van deze of gene persoonlijkheidsstoornis heeft vrijwel iedereen. Die trekjes zijn heel herkenbaar – als je weet waar je op moet letten. De tekenaar Peter van Straaten blijkt er een sublieme radar voor te hebben. Aan de hand van zijn tekeningen en de tekst in dit boek kunt u deze trekjes leren herkennen, en leert u ook hoe het eruitziet als het helemaal uit de hand is gelopen, en of u er iets aan kunt doen.

Wat is nu een 'persoonlijkheidsstoornis'? Mensen die daaraan lijden, lopen telkens op dezelfde manier vast – in hun werk of studie, in hun vriendschappen en in intieme relaties. Soms komen ze door hun persoonlijkheid aan geen van deze dingen toe, en blijven ze eenzaam en zonder vast werk. Ze zijn weinig in staat om hun gedrag aan te passen aan veranderende omstandigheden, waardoor andere mensen hen vaak dwingend en rigide vinden. ①

Meestal zien ze hun eigen gedrag niet als onderdeel van de problemen. Als u vraagt waarom ze bepaalde dingen steeds maar blijven doen, kunnen ze daar moeilijk antwoord op geven: 'Zo ben ik nu eenmaal!'

Een persoonlijkheidsstoornis gaat gepaard met ernstig lijden, en is dus niet grappig, maar eerder tragisch, irritant, meelijwekkend of ronduit gevaarlijk. De overgang van een 'normaal' naar een apart, raar of een pathologisch karakter is echter geleidelijk. De mildere vormen kunnen ook amusant of onderhoudend zijn of andere aantrekkelijke kanten hebben, waardoor mensen ze zelfs koesteren of ermee koketteren. ② Dan gaat het ook niet over een stoornis, maar meer over een persoonlijkheidsstijl.

1

"ONZIN! GISTEREN GING HET HIER OOK!"

"IK BEN EEN HEEL GEK MENS, DAT WETEN JULLIE TOCH?"

Met een professioneel oog kijkend valt op hoe goed de tekeningen van Peter van Straaten persoonlijkheidsstijlen illustreren. De meeste tekeningen laten niet echt pathologie zien, maar juist de wat mildere of alledaagse uitingsvormen, en zijn daardoor didactisch ijzersterk. Deze mildere vormen zijn bij veel mensen van tijd tot tijd herkenbaar. Misschien krijgt u na lezing van dit boek zelfs wat meer waardering voor uw eigen bijzondere trekjes. ③

Door de combinatie van de tekeningen met de context waarin ze in dit boek geplaatst zijn, kan de lezer persoonlijkheidspathologie leren herkennen. De context die ik hierbij heb gebruikt is het gangbare psychiatrische classificatiesysteem. Dit systeem kent tien verschillende persoonlijkheidsstoornissen, in drie groepen verdeeld: de dramatische, hyperemotionele types, de angstige, teruggetrokken types, en de zonderlinge, excentrieke types – *lastpakken, angsthazen en buitenbeentjes*.

Dit boek is geschikt voor studenten psychologie, geneeskunde of anderen die het thema persoonlijkheid bestuderen – voor hen kan dit boek een aanvulling zijn op een traditioneel leerboek. Het boek kan echter ook nuttig zijn voor iedereen die wil weten hoe psychologen en psychiaters naar hun clientèle kijken – wat dat betreft geeft het een kijkje in de keuken. Ten slotte geeft het boek ook tips voor de omgang met de verschillende persoonlijkheidsstijlen en -stoornissen, waardoor het nuttig kan zijn voor iedereen die beroepsmatig of privé wel eens met een lastig of moeilijk te doorgronden individu te maken heeft.

"ZE IS ZO ONGEKUNSTELD.. ZO PUUR..
ZO ZUIVER...ZO ÈCHT... IK HAAT HAAR"

Macht en bewondering
Narcistische persoonlijkheid

Kenmerken
IJdelheid en zelfingenomenheid zijn de kernwoorden van de narcistische persoonlijkheid. De term is afkomstig van de Griekse mythologische figuur Narcissus, de zoon van een riviergod, en een uitzonderlijke schoonheid. Hij werd zo verliefd op zichzelf dat hij niet meer los kon komen van een plekje bij een beek waar hij zijn eigen spiegelbeeld in het water kon bewonderen. Zijn tragisch lot was dat hij ten slotte letterlijk wegkwijnde van onvervuld verlangen, en op de plek waar hij gezeten had ontsprong de bloem die zijn naam draagt.

Hedendaagse narcisten zijn gepreoccupeerd met aanzien, macht en succes. Gezien en bewonderd worden is hun streven en hun fantasie. Sommige exemplaren zijn vrij makkelijk te herkennen. ①

Een klassiek voorbeeld van een geslaagd exemplaar is een in maatpak gestoken man, die zich in een positie heeft weten te manoeuvreren waarin hij het voor het zeggen heeft, en waarin hij voornamelijk door jaknikkers wordt omringd. In handboeken over moeilijke mensen in organisaties wordt de narcist vaak aangeduid als de 'tank', de 'bulldozer' of met een ander omineus epitheton.

Narcisten proberen bijzonder te zijn en zich te onderscheiden met hun uitzonderlijke talenten – althans, zo worden deze talenten door henzelf beoordeeld. Of ze proberen zich te onderscheiden met uiterlijkheden: alleen de duurste gadgets, auto's en vakantiebestemmingen zijn goed genoeg. Ze hebben veel, heel veel geld nodig, maar als hen dat lukt, zijn ze ook niet te beroerd om het flink te laten rollen en het eens breed te laten hangen. Liefst in het bijzijn van anderen of in elk geval op zo'n manier dat het anderen niet kan ontgaan. 'Ja, voor dit nieuwe pak heb ik speciaal een kleermaker uit Italië laten overvliegen. Kost een paar centen, maar wat ze hier als exclusief durven te verkopen is me echt te gewoontjes. En ik kan het me nou eenmaal per-

1

"GOD, WAT IS DIÉ MAN BLIJ MET ZICHZELF."

Narcistische persoonlijkheid

mitteren, dus waarom niet? Nederland is veel te bekrompen, mensen kijken je er op aan als je geld hebt en als je kwaliteit wil – in Amerika hebben ze dan pas respect voor je.'
Narcisten stellen ook hoge eisen aan het uiterlijk en het sociale aanzien van hun partner. Het is niet de bedoeling dat die te veel wensen of ideeën heeft die strijdig zijn met wat zijzelf voor ogen hebben. ②
Daar komt bij dat van de partners verwacht wordt dat zij zich gelukkig voelen, uitverkoren als zij zijn, aan de zijde van een uniek persoon. Voorbijgaande ontevredenheid of ongenoegen is nog wel acceptabel, dat geeft de narcist gelegenheid dit met een groots gebaar te herstellen. Een partner die zich chronisch ongelukkig voelt, is echter een smet op zijn blazoen. ③ Voor de klassieke narcist gaat het dus om bewondering en macht, een partner is slechts een instrument om dat te bereiken.
De verpakking van een narcist kan echter ook andere vormen aannemen, waardoor hij soms minder makkelijk herkenbaar is. Narcisten die het niet van hun uiterlijk moeten hebben, kunnen er ook juist opvallend slonzig bijlopen. Onder wetenschappers komt het nogal eens voor dat het narcisme zijn uitweg vindt in intellectuele geldingsdrang. De narcist bigt zich overal tussen, en probeert zijn naam te krijgen op elk artikel of patentaanvraag waar hij lucht van krijgt. Dat vindt hij normaal, want hij heeft belangrijke bijdragen geleverd aan het totstandkomen van het idee – ook al weten de anderen zich vooral te herinneren dat hij riep dat het niks zou worden. 'Ja, toen was ik advocaat van de duivel, dat heeft je ideeën gescherpt.' En zo niet, dan is er altijd nog het argument dat de narcist eerder belangrijke bijdragen heeft geleverd aan uw professionele vorming – en dat moet nu eenmaal beloond worden. Ondergeschikten die hun producten ter becommentariëring moeten voorleggen, krijgen het retour met hun naam onder die van de narcist.
Narcisten lijken het extreem goed met zichzelf getroffen te hebben, in feite voelen zij zich veruit superieur aan anderen. Iemand die zichzelf zo fantastisch vindt, zal wel tegen een stootje kunnen, zult u denken. Helaas is het tegenovergestelde waar. De narcist houdt niet van kritiek. De opgeblazen presentatie is vooral een compensatie voor diep

"EN JIJ NEEMT DE ASPERGES.
DAAR BEN JE DOL OP"

"HOU DAAR ONMIDDELLIJK MEE OP!
ER VALT HIER NIETS TE HUILEN."

weggestopte twijfel en gebrek aan eigenwaarde. Kritiek rijt deze wond pijnlijk open, de criticus zal het moeten bezuren. De ijdelheid en zelfingenomenheid zijn dus broos. ④

Een zekere mate van narcisme is gezond, en bevordert succes en geluk. Een flinke dosis narcisme kan zelfs tot groot maatschappelijk succes leiden. Narcisten zijn niet te beroerd om de leiding te nemen, en al helemaal niet te beroerd om eens flink met de ellebogen te werken. Narcisme kan dus een drijfveer zijn die mensen inderdaad in posities brengt waarin zij macht kunnen uitoefenen. Bovendien kan hun overtuiging van eigen superioriteit hen uit benarde situaties redden – met manoeuvres waarmee anderen niet zo makkelijk weg zouden komen. Op pagina 20 ziet u zo'n manoeuvre – overigens van een ernstig in het nauw gebracht exemplaar, want het toegeven van fouten is niet echt een liefhebberij van de narcist. ⑤

Een overdosis narcisme gaat echter ten koste van het geluksgevoel. Succes is vergankelijk, en narcisten zijn extreem gevoelig voor tekenen daarvan, zoals kritiek en sarcasme. Gewone, opbouwende kritiek wordt persoonlijk opgevat en gezien als gebrek aan loyaliteit. Narcisten in een stevige positie, bijvoorbeeld in de top van een bedrijf, verwijderen critici en onafhankelijke denkers uit hun omgeving, of zorgen ervoor dat deze zelf eieren voor hun geld kiezen. Andere narcisten redden zich door vrij frequent te wisselen van baan, partner en vriendenkring. ⑥

Er kan gemakkelijk een Casanova-patroon ontstaan, waarbij dwangmatig op vrouwen wordt gejaagd, al dan niet naast een vaste partner. Met elke geslaagde versierpoging wordt namelijk weer voor enige tijd de telkens de kop opstekende angst gelogenstraft om niet meer aantrekkelijk te worden gevonden.

Niet alleen van zijn partner, ook van zijn kinderen verwacht een narcist perfectie. Hij verdraagt het bijvoorbeeld niet als zijn kinderen niet alles in één keer kunnen, of als ze niet de talenten of interesses hebben voor de zaken die hij belangrijk vindt. Net als de partner zijn dus ook de kinderen als het ware een narcistisch verlengstuk van hemzelf. ⑦

"O, JA? AL MIJN VORIGE HUWELIJKEN WAREN ANDERS PRIMA!"

"IK GEEF TOE, IK HEB GROTE FOUTEN GEMAAKT.
WEES BLIJ! DAAR KUNNEN JULLIE VAN LEREN!"

7

"DAAR WAS IK AL BANG VOOR.
DIE SUFFERD KAN DE EIEREN WEER NIET VINDEN."

Narcistische persoonlijkheid

Narcisten vinden dat de normale regels en wetten op hen niet zo van toepassing zijn. Ze vinden bijvoorbeeld dat het hen door de vingers moet worden gezien als ze dronken achter het stuur kruipen, en dat het ze vergeven moet worden als ze slordig declareren, hun aandelentransacties vergeten te melden of als ze werk van anderen jatten, want: 'Ik heb een belangrijke positie in de samenleving, werk me uit de naad en heb al zoveel goeds gedaan.'

Hoewel sommige aspecten bij oppervlakkige beschouwing misschien benijdenswaardig lijken, gaat achter een dergelijk levenspatroon een onrustig en wantrouwig mens schuil. Dit te beseffen is uw troost als u in uw omgeving te maken heeft met een extreme narcist. Een narcist is als een verslaafde immer op zoek naar adoratie. Hij kan zichzelf alleen als compleet en als goed ervaren via de goedkeuring van een ander. Hij gebruikt de ander als spiegel om zijn gevoel van eigenwaarde aan af te meten. Bewondert de ander hem dan is het goed, maar dat geeft slechts tijdelijk rust. Grootheid en kleinheid zijn onlosmakelijk met elkaar verbonden, en grootheid kan zomaar in kleinheid omslaan. Op het uitblijven van adoratie – of erger nog, op kritiek – wordt gereageerd met woede, of met een plotseling verlies van zelfvertrouwen. Als dat gebeurt, zijn de gevolgen niet zo maar te herstellen. (8)

Natuurlijke vindplaatsen
Geslaagde narcisten zijn het gemakkelijkst te herkennen. Men treft hen in relatief hoge frequentie aan in posities van macht en aanzien. Zoek derhalve in de hogere posities van bedrijven en instellingen, in de politiek en in de media. Van sommige posities zijn de nadelen (bijvoorbeeld het inleveren van privacy) zo groot, dat alleen narcistisch ingestelde mensen ze blijvend ambiëren.

Maar de relatie werkt ook in omgekeerde richting: sommige posities zijn narcismebevorderend. Macht corrumpeert, adoratie evenzo. Mensen die dankzij een talent in de schijnwerpers komen en bewonderd worden (artiesten, topsporters, politici, hoogleraren, dokters, ...) lopen een verhoogd risico dat hun narcisme tot onaangename proporties wordt aangewakkerd. (9)

"OKÉ, OKÉ, OKÉ, IK NEEM HET TERUG.
JE BENT GÉÉN LUL."

Zo ben ik nu eenmaal!

Met narcisme alleen redt men het meestal echter niet; voor de meeste van deze posities is ook een zeker minimum aan andere talenten vereist. De minder geslaagde narcisten, die het in een glamourpositie niet redden door bijvoorbeeld een gebrek aan intelligentie, sociale handigheid of door pech, kunnen hun geldingsdrang bijvoorbeeld ook uitleven in vrijwilligersorganisaties, de ondernemingsraad of het buurtcomité.

Met extreme exemplaren, of met exemplaren met te weinig talent, loopt het vroeg of laat vaak helemaal mis. Deze treft u dan verbitterd en cynisch aan op willekeurig welke plaats. Sommige narcisten zijn echter bijzonder creatief in het bedenken wat hen bijzonder maakt. ⑩

Op welke manieren kan het allemaal mislopen met narcisten?
De jongere exemplaren, die nog bezig zijn met hun weg naar de top, lopen een verhoogd risico vroegtijdig verzeild te raken in autoriteitsconflicten. Het zal van hun intelligentie en geduld afhangen of ze het lang genoeg kunnen volhouden om zich in te likken bij de machthebbers. Als ze te weinig geduld hebben, beginnen ze hun eigen bedrijf. Verder ligt voor een succesvolle narcist het gevaar op de loer dat hij zich onkwetsbaar gaat voelen. Hij wordt dan steeds grover in de manier waarop hij zijn ondergeschikten behandelt, laat zijn salaris drastisch verhogen, en gaat nog slordiger declareren en zich het werk van anderen toe-eigenen. Hij is steeds minder op de werkvloer te vinden omdat hij zich laat verleiden tot wervelende activiteiten in de buitenwereld, zoals copieus lunchen met andere narcisten. Hierdoor brokkelt zijn draagvlak steeds verder af, vaak zonder dat hij dat zelf in de gaten heeft. En omdat het aan de top van de meeste bedrijven en instellingen nu eenmaal een slangenkuil is, staat de narcist ook aan veel stress bloot.

Als zo'n patroon een tijdje voortduurt, is het wachten op de keer dat iemand het nu eens niet pikt wanneer hij weer echt te ver gaat. Een relatief klein incident kan er dan voor zorgen dat van alle kanten de aanval ingezet wordt, alle steun blijkt te ontbreken, en zijn positie onhoudbaar blijkt. De narcist wordt dan aan de kant gezet en blijft verbitterd achter, niet begrijpend waarom hem dit nu moest overkomen – om zo'n futiele aanleiding, en terwijl hij zoveel goeds heeft

" Hè toe nou, Martin.. niet wéér over je operatie! "

gedaan voor iedereen. Het enige dat er voor de narcist dan nog opzit, is groots te worden in zijn nieuwe status van slachtoffer.

Omgangsregels
Het gedrag van narcisten kan twee soorten reacties oproepen: intense bewondering of ergernis en concurrentie. Deze reacties kunnen elkaar ook afwisselen. De eerste indruk is dan heel positief ('Noemt de dingen bij de naam', 'Brengt leven in de brouwerij'). Degenen die hen beter leren kennen, ontdekken echter hoe koel, afstandelijk en berekenend ze zijn. Uiteindelijk draait de hele wereld uitsluitend om hen. ⑪

Een belangrijk kenmerk van narcisten is een onvermogen of onwil om echt rekening te houden met anderen. Niettemin kan de flamboyante verpakking op sommige mensen een onweerstaanbare aantrekkingskracht uitoefenen. De presentatie kan zo overtuigend zijn, dat anderen zich aangetrokken voelen – soms tegen beter weten in. Wellicht doen ze bij sommigen ook een beroep op hun eigen grootheidswanen ('Ik krijg hem wel getemd', 'Ik maak hem wel gelukkig'), of hopen ze dat de narcist hen meeneemt in de vaart der volkeren, en dat ze dus kunnen meeliften naar een glamourpositie. ⑫

Ook op de langere duur is het heel goed mogelijk dat een narcist keer op keer alles wordt vergeven. De buitenwereld ziet met stijgende verbazing aan hoe de partner zich als een deurmat laat gebruiken, en al het opzichtige overspel met de mantel der liefde bedekt. Een van de dingen die hierbij een rol speelt, is dat narcisten heel goed in staat zijn om gedurende beperkte tijd de aandacht heel intens op de ander te richten, namelijk als zij aanvoelen dat dat nodig is om bewonderd te blijven worden. De partner wordt als het ware op een schema van 'partiële bekrachtiging' gezet: vaak bot vangen, af en toe de jackpot – de narcist als fruitautomaat. ⑬

Wat te doen met de narcisten in uw omgeving? Het antwoord op deze vraag is uiteraard sterk afhankelijk van de vraag waar in uw omgeving de narcist zich precies bevindt, hoe permanent of vermijdbaar hij of zij is, en hoe de eventuele gezagsverhoudingen liggen. Er kan echter wel een aantal omgangsregels worden gegeven.

"JE WILT ER ZEKER NIET OVER PRATEN?"

"IK HEB VEEL SLECHTS OVER JE GEHOORD"

'GA JE EIGENLIJK NOG STEEDS ZO VEEL VREEMD, RUUD?'

Zo ben ik nu eenmaal!

Narcisten zijn niet geneigd om zichzelf of hun eigen gedrag te zien als onderdeel van problemen: de schuld ligt bij de ander. Als u deze visie wilt nuanceren, helpt het om eerst vrij uitvoerig mee te gaan met de visie van de narcist, voordat u alternatieven introduceert. Als u iets gedaan wilt krijgen van een narcistische chef, collega of ondergeschikte: vleien helpt. Geef hem regelmatig bevestiging, en maak hem week door regelmatig een compliment te maken of zijn advies in te winnen. Als daar weinig aanleiding toe is, maak dan een wekelijkse notitie in uw agenda: 'compliment Jansen'.

Als u bedacht hebt dat er een bepaald besluit genomen moet worden, ga naar uw narcistische chef, en presenteer hem de opties op zo'n manier dat het besluit er onvermijdelijk uitrolt. Geef hem vervolgens alle credit voor zijn visie en hulp bij het nemen van dit besluit. Het is misschien even slikken, maar het zal u geen windeieren leggen wanneer u een volgende keer iets van hem gedaan moet krijgen.

Het kan zijn dat u zinsneden moet gebruiken die op uzelf een tikje ongeloofwaardig overkomen, maar bij een narcist kan dat net op het goede knopje drukken: 'De Korte, ik heb jou voor deze taak geselecteerd omdat je de enige bent die daar het talent en doorzettingsvermogen voor hebt. Nee De Korte, niet zo bescheiden, zo is het.' Maar let op, het kan natuurlijk toch wel overdreven worden. ⑭

Vleien betekent echter niet dat u zich zo maar alles van een narcist moet laten welgevallen. Integendeel, dat is een slecht idee, aangezien het ertoe zal leiden dat de narcist alle respect voor u verliest. Indien uw narcistische medemens onredelijke dingen van u verlangt, is het zaak om u daartegen te verzetten. Stel dat juffrouw Meijer vandaag eens niet wil overwerken. Zij zou er niet verstandig aan doen om haar chef ervan te doordringen dat hij een zelfingenomen egoïst is en dat de rapportavond van haar zoontje belangrijker is dan de onmogelijke beloften die hij telkens aan zijn klanten doet. ⑮

Beter kan zij beamen dat haar chef inderdaad te goed is voor deze wereld, en er nog een schepje bovenop doen. Met zijn 'goedheid' houdt hij de orderportefeuille gevuld, waardoor het bedrijf zo kan bloeien (of waardoor het bedrijf, ondanks de beroerde markt, nog

"ZÓ LEUK WAS IK NOU OOK WEER NIET, MENEER VERSTEGEN."

Narcistische persoonlijkheid

niet failliet is). Maar misschien gaat zijn goedheid inderdaad wel te ver, de klanten worden verwend en stellen steeds idiotere eisen. 'Ik denk dat de andere directieleden het enorm zouden waarderen als u nu een daad stelt – zelf durven ze dat vast niet aan.'

Als al het gevlei niet helpt, moet juffrouw Meijer voet bij stuk houden en zeggen dat ze echt onmogelijk kan werken vanavond. Dit kan heel moeilijk zijn, bijvoorbeeld omdat de tegenpartij al bij het eerste verzet in woede ontsteekt. De volgende fase is dat telkens nieuwe, niet ter zake doende argumenten worden aangedragen, of dat in het openbaar uw loyaliteit ter discussie wordt gesteld.

Probeer in zulke omstandigheden in de eerste plaats uzelf onder controle te houden. Bedenk, ook al voelt het op dat moment totaal anders: dit is geen persoonlijke kwestie – tenminste, niet een kwestie die *uw* persoon betreft. Als u zich laat opnaaien – door ook in woede te ontsteken, te gaan huilen, door de knieën te gaan of de kamer te verlaten – wordt het *wel* een persoonlijke kwestie. In dat geval zal u bij de narcist bekend komen te staan als een labiel of makkelijk kneedbaar persoon, en wordt dit het begin van een patroon. Blijf uiterlijk kalm, laat hem uitrazen, en herhaal uw boodschap: vandaag is overwerk onmogelijk. Beter nog, combineer het met gevlei: 'Meneer Lindemans, ik heb veel respect voor u, maar vanavond kan ik gewoon niet.' Herhaal dit na elk niet ter zake doend argument of verdachtmaking. Als uw tegenstander in een lange tirade vervalt, kan het aan te bevelen zijn hem te onderbreken, door te roepen: 'Meneer Lindemans! Ik heb u gehoord' waarna u uw boodschap herhaalt. Dát u uw poot stijf houdt is belangrijker dan hoe u dat doet. Dus ook al staat u er bij te trillen als een rietje: het resultaat is wat telt. Het kan veel energie vergen en zeer stressvol zijn om een dergelijke interactie tot een goed einde te brengen, maar in principe zijn de adviezen simpel.

Wees erop voorbereid dat de stemming helemaal kan omslaan als uw narcist is uitgeraasd en u uw poot stijf hebt gehouden. Ineens ziet hij u staan, houdt meer rekening met u, of erger nog, hij wil met u lunchen! (16)

Ten slotte, in de omgang met narcisten is het meestal een vergissing om erop te gokken dat wijsheid met de jaren komt. De karaktertrek-

" SJEF! HIERO! WAT MOET DIE HELE HANDEL KOSTEN? DAN MAAK IK JE LOS."

"SCHAT, IK BEN VEEL TE OUD VOOR JE."

ken van een ouder wordende narcist worden eerder meer dan minder geprononceerd. Dat is omdat met het klimmen der jaren de fysieke aantrekkelijkheid achteruitgaat, en ook de dag naderbij komt dat hij zijn positie af zal moeten staan aan een jongere generatie. De streken die dan uitgehaald moeten worden om dit schrikbeeld te compenseren en het zelfbeeld hoog te houden, worden steeds extremer. ⑰

Aandacht en nog eens aandacht
Theatrale persoonlijkheid (hysterie)

Kenmerken
De kernwoorden bij hysterie zijn aandacht, en aandacht. Zoals de naamgeving al impliceert, verdragen mensen met een theatrale persoonlijkheid het slecht om niet in het middelpunt van de belangstelling te staan. Om in de aandacht te komen en te blijven wordt geen middel geschuwd, het meest gebruikte is overdrijving. Deze overdrijving betreft zowel het uiterlijk als het gedrag en de emoties. Hun drijfveer is om indruk te maken en mensen met zich bezig te laten zijn. Daartoe worden allerlei emoties getoond en uitgelokt, ter compensatie van de centrale gedachten: 'Ik ben eigenlijk onaantrekkelijk' en 'Ik kan onmogelijk gelukkig zijn als anderen me niet bewonderen'.

Een klassiek exemplaar is een vrouw met te veel make-up, die zich uitdagend kleedt maar ook wat te jong voor haar leeftijd. Ze maakt daardoor een enigszins kinderlijke indruk. Ze beleeft heftige emoties, maar verveelt zich snel en gaat dan weer op zoek naar nieuwe stimulatie. ①

Een hysterische vrouw kleedt zich uitdagend en bloeit op van de blikken en de aandacht die dat uitlokt. Het zijn echte *femmes fatales* – ze flirten, laten zich attenties welgevallen en lokken toenaderingspogingen uit, maar reageren dan verbaasd en verontwaardigd als de aldus uit zijn tent gelokte partij ook tot actie wil overgaan. ②

De suggesties die door gedrag of kleding gewekt worden, blijken niet uit te komen – de emotie die het suggereert blijkt onecht. Niet alleen via kleding, ook via lichaamstaal en gedrag wordt een verleidelijkheid uitgestraald die op omstanders direct al onecht kan overkomen. Hierbij moet gezegd dat vrouwen dergelijk gedrag vaak beter doorzien dan mannen.

De centrale gedachte van hysterici is dat het van vitaal belang is om bij vrijwel iedereen geliefd te zijn om vrijwel alles wat ze doen. Dit maakt

"IS DAT NIET REUZE VERMOEIEND, ZO LOPEN?"

"WAT DOE JE? STINK IK?"

ze overgevoelig voor afwijzing. Anderzijds kunnen ze zelf keihard zijn, kunnen ze zich niet binden, en zijn ze voortdurend ontrouw. De opwinding van het verleidings- en veroveringsspel is te groot om het op te kunnen geven. Als de buit binnen is stopt de belangstelling, en moet er weer nieuwe bevestiging worden gezocht.

Naast het bovenbeschreven flamboyante type, is er ook nog het meer geremde, sfinxachtige type. Dit zijn mensen die de aandacht op zich weten te vestigen door een soort mysterieuze waas om zich te creëren. Ook zij kleden zich opvallend maar dan vaak wat ouderwets, en zijn juist niet luidruchtig en expressief, maar gaan stil in een hoekje zitten. Daarbij zorgen ze wel dat iedereen hen gezien heeft, en zitten dan met een wat verbaasd, mysterieus, vlak of enigszins gepijnigd gezicht voor zich uit te staren. Bij anderen wordt de suggestie gewekt van groot achterliggend leed of diepzinnige artisticiteit.

De emoties mogen dan op anderen als onecht overkomen, hysterici beleven ze als zeer heftig, en stralen dat ook uit. Ze laten zich ook bij voorkeur leiden door hun emoties. Hun gedachtewereld is minder gearticuleerd en impressionistischer, en ze zijn niet in staat tot diepgaande intellectuele discussie. Als ze iets voelen, is dat voldoende rechtvaardiging voor actie. Ze zijn daarbij slecht in het verdragen van ongenoegen. Dus als ze boos zijn, vinden ze dat ze het recht hebben om in een driftaanval uit te barsten, als ze blij zijn stralen ze kinderlijke vreugde en affectie uit, en dat alles kan van kwartier tot kwartier wijzigen – al naar gelang ze de aandacht hebben.

Bij milde exemplaren, of bij een eerste kennismaking, kan men gemakkelijk geïmponeerd raken of zelfs wat jaloers zijn ('Dat is nog eens een hartelijk, warmbloedig type', 'Wat een intense relaties gaat dat mens aan'). Bij nadere kennismaking wordt men het echter al snel moe, en wordt de hysterica beleefd als onecht, als een b-actrice in een dagelijkse soap. De jaloersheid maakt plaats voor irritatie en gêne. Sommige mensen komen daar echter te laat achter. ③

Om de respons en de aandacht van anderen uit te lokken gooien hysterici eerst hun uiterlijk en positieve emoties in de strijd. Als dat echter onvoldoende effect sorteert, zullen ze niet terugschrikken voor

Zo ben ik nu eenmaal!

andere, meer dramatische emoties, bijvoorbeeld in de vorm van woede, flauwtes of kinderlijk gejengel. In feite is de emotiehuishouding van de hysterica nogal onvolwassen, en zoals een ieder zich nog wel herinnert, kan het er in de kindertijd heftig aan toe gaan op dat vlak. ④

Omdat hysterici voorrang geven aan hun gevoel en niet erg doordenken, vervallen ze nogal snel in zwart-wit denken. De ene persoon is geweldig, de ander een schoft. Het is wel belangrijk om te beseffen dat de hysterica dat op dat moment werkelijk zo beleeft. Ook als de stemming over zichzelf ineens omslaat, voelen ze zich werkelijk diep in de put. Op anderen komt het echter buitenproportioneel over, en aanstellerig. Maar ook al doen de emoties leeg aan, het betekent niet dat de persoon in kwestie er niet onder lijdt. ⑤

Het zal duidelijk zijn dat het gedrag dat mensen met hysterie laten zien, sterk kan wisselen; daardoor lijken ze op verschillende van de andere persoonlijkheden. Ze hebben het zwart-wit denken gemeen met de borderliner, de zucht naar aandacht met de narcist, en verder kunnen ze een erg afhankelijke indruk maken. Mensen met deze persoonlijkheid die in de psychiatrie terechtkomen, kan het gebeuren dat ze eerst een reeks andere diagnoses krijgen voordat deze gesteld wordt.

Natuurlijke vindplaatsen
De vindplaatsen overlappen gedeeltelijk met die van de narcistische persoonlijkheid. Dat is niet verwonderlijk, want beiden staan graag vol in de aandacht, en bovendien heeft menig narcist ook een theatrale inslag. Een relatief grote trefkans is er in beroepen met veel publiek of media-exposure, zeker als de intellectuele uitdaging in zo'n beroep niet al te groot is.

Theatrale persoonlijkheids*stoornis* wordt veel vaker bij vrouwen dan bij mannen gediagnosticeerd. Voor een deel is dit ten onrechte. Bij vrouwen valt het gedrag meer op, bijvoorbeeld door de uitdagende kleding, maar ook bij mannen kan extreem machogedrag duiden op hysterie. Verder komt een combinatie van hysterie en een narcistische persoonlijkheid regelmatig voor. Bij mannen domineert dan vooral de presentatie van de narcistische persoonlijkheid. Ten slotte is de zo-

„ MAAR LIEVERDJE ....
JAMES DEAN IS TOCH AL HEEL LÁNG DOOD.?"

"MAAR ÁLS IK EEN AANSTELSTER BEN, ZOALS IEDEREEN ZEGT, DAN IS DAT TOCH ÓÓK HEEL ERG?

genaamde lage frequentie bij mannen ook een kwestie van niet weten waar je op moet letten. ⑥

Omgangsregels
Voorwaarde nummer 1 voor succesvolle omgang met een theatraal iemand is uzelf in toom te houden – schroef uw verwachtingen niet te hoog op. Het gedrag van hysterici suggereert een diepgang – intense vriendschap, geweldige seks – die meestal niet waargemaakt wordt. Laat u dus ook niet in de luren leggen door de wisselende en heftige emoties. Geniet niet te veel van de intense aandacht en affectie die u ten deel valt, zodat u niet te veel van uw stuk gebracht wordt wanneer u een dag later lucht blijkt te zijn voor uw bewonderaarsters.

De natuurlijke reacties op een theatrale persoonlijkheid lopen uiteen van reddersfantasieën via seksuele begeerte tot ernstige irritatie. Zoals zo vaak in de omgang met extreme persoonlijkheden is het raadzaam niet uw impulsieve reactie te volgen. Probeer een accepterende houding aan te nemen – saai zijn hysterici in elk geval niet. Geef aandacht maar met mate, en houd uw grenzen in de gaten. Laat u dus niet verleiden en nuanceer overtrokken ideeën.

Om vermoeid afwijzende reacties te voorkomen, doen hysterici er vooral goed aan om elkaar op te zoeken. Gelukkig is er aan soortgenoten (of 'zielsmaatjes', om in hun eigen terminologie te blijven) geen gebrek. Een probleem blijft natuurlijk wel dat er dan competitie plaats moet vinden om aandacht en zendtijd. ⑦

Er kan verder wellicht iets bereikt worden als u samen probeert de impressionistische denkstijl te doorbreken. Kom nog eens terug op een niet al te heftig incident, en probeer eens samen op papier te zetten wat er nou eigenlijk aan de hand was. Het opschrijven kan tegenwicht bieden aan de natuurlijke neiging van de theatrale persoon om van de hak op de tak te springen en niets echt uit te werken. Lijstjes maken kan ook helpen om de overdreven positieve en negatieve oordelen over anderen bij te stellen. Om duurzame verandering te bewerkstelligen zal het nodig zijn om centrale gedachten, zoals 'Ik moet bij iedereen altijd geliefd zijn', aan te pakken.

"WAAROM STA IK HIER TOCH ALTIJD OVERAL ALLÉÉN VOOR?"

"ZULLEN WE HET OP DE TELEVISIE GOED MAKEN, NET ALS IEDEREEN?"

Theatrale persoonlijkheid

Ten slotte, we leven in een toenemend theatraal-narcistisch tijdsgewricht. Zeker sinds, om met Gerrit Komrij te spreken, de treurbuis is uitverkocht aan kermisexploitanten en verworden is tot terreurbuis. Generaties groeien op met de holle emoties van dagelijkse soaps, en met de goedkope instant-oplossingen van dating- en herenigingsprogramma's. Geen wonder dat menigeen gaat denken dat dat de norm is. ⑧

Egoïstisch en meedogenloos
Antisociale persoonlijkheid (psychopathie)

Kenmerken
De kernwoorden van de antisociale persoonlijkheid zijn egoïsme en impulsiviteit. Deze mensen zijn gewetenloos en meedogenloos. Ze trekken zich niks aan van wetten, normen, en de rechten en belangen van anderen. 'Tref de ander voordat hij jou treft' is hun credo. Ze zijn dus oneerlijk en onbetrouwbaar.

Antisocialen winden anderen om hun vinger met opmerkelijke verhalen, mooie beloftes en lelijke leugens. Het zijn meesters van de verleiding, en ze weten anderen te overtuigen van hun goudeerlijke bedoelingen. Vervolgens komen ze hun beloftes niet na, waarna ze ijskoud met een nieuw verzinsel komen om dat weer te verklaren. Uiteindelijk laten ze de ander gedesillusioneerd, verbitterd en berooid achter.

Het leugenachtige gedrag is vaak gecalculeerd bedrog, maar het komt ook wel voor dat ze goed aanvoelen wat anderen willen, en uit een drang om mensen te behagen onmogelijke beloftes doen. Antisocialen zijn ook impulsief. Ze vervelen zich snel, waardoor ze geneigd zijn opwindende en riskante dingen te doen, zoals gevaarlijke sporten, extreem rijgedrag, extreem alcohol- en drugsgebruik of meer in het algemeen, provocerend gedrag.

De extreme exemplaren zien er niet tegenop om de meest vreselijke misdaden te begaan, zoals afpersing, moord en verkrachting. Daar komt bij dat ze frustraties niet verdragen en dan vaak impulsief handelen, zonder zich te bekommeren om wat ze teweegbrengen. In extreme vorm gaat het hier dus om de keiharde criminelen van het type dat tbs-instituten bevolkt.

Hoewel ze vaak een oppervlakkige charme hebben en een wervelende eerste indruk kunnen maken, zijn ze emotioneel koud en draait de wereld uitsluitend om henzelf. De gelikte presentatie is uitsluitend buitenkant, en wordt volgehouden zo lang als het nodig is om dingen gedaan te krijgen. Als de buit binnen is, toont hij zijn ware aard.

Als een extreme narcist gekarakteriseerd kan worden als een emotionele ijskast, is de antisociaal een emotionele vrieskist. De belangen van anderen kunnen hem gestolen worden, en sommigen scheppen er een sadistisch genoegen in om anderen te benadelen. Iemand die te zwak is om zich te verweren, verdient het in hun ogen ook niet beter dan om eens lekker te grazen te worden genomen. ①

Antisocialen delen de rest van de mensheid in in twee categorieën. De eerste categorie wordt gevormd door mensen die misbruik van je proberen te maken en die dus teruggepakt mogen worden – en liefst voordat ze jou pakken. De tweede categorie omvat degenen die zwak zijn en het dus verdienen om uitgebuit te worden.

Antisocialen voelen zichzelf het slachtoffer van een onrechtvaardige maatschappij of van een liefdeloze jeugd, en dat geeft ze het recht om wraak te nemen. Dat hun slachtoffers niets van doen hadden met het vermeende onrecht dat hun is aangedaan, is een onbelangrijke bijzaak – als hun slachtoffers de kans hadden gehad, hadden ze het wel degelijk gedaan.

Deze typeringen zijn zo extreem dat het misschien lijkt dat we hier niet te maken hebben met een geleidelijke overgang tussen normaal en pathologisch gedrag, maar meer met een ziekte, een afwijking die je wel of niet hebt. Helaas is dat niet helemaal waar, mildere vormen van antisociale gedragingen vindt u overal. De tweedehandsautohandelaar die onwetende mensen een wrak verkoopt, de ober die een wisseltruc uithaalt met uw bankbiljetten, de topmanager die gebruikmaakt van mazen in de wet, de frauderende uitkeringstrekker: allemaal kunnen ze voor zichzelf hun gedrag rechtvaardigen door te denken: 'Als ze zo dom zijn, vragen ze er ook om' – en dat is een psychopathische redeneerstijl. ②

Met hun impulsiviteit en roekeloosheid lijken extreme antisocialen geen angst te kennen. Ze zijn meedogenloos en trekken zich niks aan van de mogelijk negatieve consequenties van hun gedrag. Het lijkt niet alleen dat ze minder angst voelen, uit wetenschappelijk onderzoek blijkt dat dat ook werkelijk zo is.

"REGELS, REGELS, REGELS. HET IS GODGEKLAAGD. ZO WORD JE TOCH GEDWÓNGEN DE BOEL TE FLESSEN?"

Zo ben ik nu eenmaal!

Een ander kenmerk is gebrek aan empathie: ze zijn niet in staat zich te verplaatsen in de omstandigheden van een ander, of mee te voelen met de emoties van iemand anders. Zien dat een ander lijdt – bijvoorbeeld, je ziet iemand huilen of pijn hebben – roept bij mensen een meetbare lichamelijke reactie op, maar bij antisocialen is die reactie veel minder sterk. Dit betekent niet dat ze geen zicht hebben op de emoties van een ander. Integendeel, ze zijn juist bijzonder gewiekst in het opsporen en uitbuiten van andermans zwakke plekken. ③

Psychopaten kennen geen spijt of schaamte, en zijn nogal ongevoelig voor straf. Het risico van bestraffing belemmert ze niet in hun gedrag; waarschijnlijk heeft dat te maken met hun lage niveau van angst. Ook het ondergaan van een straf doet hen niet tot inkeer komen. ④ Integendeel, het risico is groot dat het ze bevestigt in hun slachtofferrol, waardoor ze zich nog meer gerechtigd voelen wraak te nemen.

Natuurlijke vindplaatsen

Zoals boven al vermeld, extreme exemplaren zijn wrede criminelen die langdurige gevangenisstraffen en tbs uitzitten. Zo'n tachtig procent van de mensen met een antisociale persoonlijkheids*stoornis* heeft een verslavingsprobleem – te veel alcohol en drugsgebruik kunnen deel uitmaken van hun impulsiviteit. Veel meer mannen dan vrouwen worden met deze stoornis gediagnosticeerd. Extreme exemplaren gedragen zich zo asociaal en onbehouwen dat ze het niet lang vol zullen houden in een reguliere baan. Maar mensen met antisociale trekken komen in alle lagen van de bevolking voor. ⑤

Een grote trefkans heeft u bij televisieprogramma's als *Opgelicht*, waar in elke aflevering wel een schrijnend verhaal zit van een antisociale oplichter die een spoor van gedupeerden achterlaat. Geconfronteerd met een van hun slachtoffers of met een journalist die verhaal komt halen, reageren ze agressief en ontkennen alles, of gaat de charmekraan weer open: ze hebben alle begrip voor de frustratie die ze teweeg hebben gebracht, maar gelukkig zijn ze net bezig om te regelen dat alles terugbetaald en hersteld gaat worden. De uiteindelijke afloop laat zich makkelijk raden.

"ALS U GEEN VRIJSPRAAK KUNT KRIJGEN KUNNEN WE TOCH SCHIKKEN? WAT ZAL DAT NOU HELEMAAL KOSTEN?"

6

"VERTEL EENS, SCHATJE... JIJ HEBT NIET TOEVALLIG RIJKE OUDERS?"

" NIKS AAN DE HAND. JE HEBT NOG EEN WIEL EN EEN SLOT. DE REST JAT IK ER WEL VOOR JE BIJ."

Omgangsregels
In uw persoonlijk leven bent u een antisociale persoonlijkheid waarschijnlijk liever kwijt dan rijk. Helaas zullen ze uit zichzelf niet in behandeling gaan, tenzij ze veel last hebben van bijvoorbeeld depressie. Het gebruikelijke behandelaanbod is ook niet erg effectief – integendeel, het leidt soms van kwaad tot erger. Een programma met gestructureerde oefeningen, veel discipline en directe confrontatie kan soms verbetering geven. Het rationaliseren van manipulatief gedrag en het ontkennen van eigen verantwoordelijkheid moet daarbij telkens en direct aangepakt worden.

Omgang met een antisociaal in uw directe omgeving is moeilijk. Met zijn charme en gladheid probeert hij u te manipuleren, om u als een blok te laten vallen wanneer hem dat uitkomt. ⑥ Als u iemand ontmoet die zo geweldig aardig en complimenteus is dat het gewoon niet te geloven is, wees dan op uw hoede. Wantrouw mensen die u gouden bergen beloven, en houd uw eigen hebzucht in toom, want deze wordt genadeloos uitgebuit. Soms wordt uw wantrouwen eerst een tijd lang gesust met jovialiteit, gulheid en attent gedrag. Als u geïmponeerd raakt door de mooie verhalen van iemand in een dure auto, vergeet dan niet toch deugdelijke garanties te vragen voordat u geld investeert of uitleent. Als daarop een tikje verontwaardigd wordt gereageerd – 'Wij vertrouwen elkaar toch?' – dan weet u hoe laat het is. Ten slotte, laat uw eigen normen niet oprekken, en probeer geen gunsten van de antisociaal te accepteren, want het gevolg is dat u bij hem in het krijt staat – en als het nodig is, chanteert hij u ermee. ⑦

Instabiel en impulsief
Borderline persoonlijkheid

Kenmerken
Het kernwoord voor de borderline persoonlijkheid is crisis. Mensen met een borderline persoonlijkheid zijn instabiel en impulsief. Ze hebben last van extreme en snel wisselende stemmingen, die op anderen een buitenproportionele indruk maken. Op dezelfde dag kunnen ze zich aanvankelijk goed voelen, vervolgens zo maar diep in de put raken, om dan weer na een onbeduidende aanleiding in heftige woede te ontsteken. Ze doen dan impulsief allerlei dingen waar ze korte tijd later spijt van hebben. In extreme gevallen reageren ze de woede op zichzelf af, waarbij ze zich serieus kunnen verwonden. Dreiging met zelfmoord en suïcidaal of zeer riskant gedrag kunnen ook voorkomen.

Hoewel alle persoonlijkheidsstoornissen gepaard gaan met ernstig lijden, loopt de omvang daarvan nog het meest in het oog bij de borderliner, zowel voor de betrokkene zelf als voor diens omgeving. Toch zijn borderline persoonlijkheden niet noodzakelijkerwijs altijd in crisis, zelfs niet degenen die een persoonlijkheids*stoornis* hebben. Er kunnen dus ook relatief rustige perioden voorkomen.

Het beeld dat mensen met een borderline persoonlijkheid van zichzelf hebben, is al even variabel. Dat wil zeggen, het beeld zoals de buitenwereld dat meemaakt. Het ene moment vinden ze zichzelf waardeloos, het andere moment lijken ze veel te overtuigd van zichzelf. De kerngedachten zijn echter dat de wereld slecht en gevaarlijk is, en zijzelf kwetsbaar, machteloos en minderwaardig. In hun hart vinden ze zichzelf slecht en onbeminnelijk, maar ze verlangen er wel sterk naar om geaccepteerd en geliefd te worden. Dit interne conflict zorgt ervoor dat ze zich veel te snel vastklampen aan andere mensen, en vervolgens erg bang worden om ze te verliezen. De tragiek is dat ze zich daarbij vaak zo gedragen dat ze de verlating min of meer uitlokken. ①

1

"IK LAAT JE NIET IEDERE OCHTEND IN DE STEEK. IK GA GEWOON NAAR M'N WERK."

Borderline persoonlijkheid

Daarbij komt dat borderliners sterk geneigd zijn om in zwart-wit termen te denken, en dus weinig nuances te zien. Dit alles maakt dat de relaties met andere mensen aan heftige slingerbewegingen onderhevig zijn.

Borderliners hebben de neiging om mensen die op hen een goede eerste indruk maken, meteen te idealiseren. Het zwart-wit denken speelt op, en de ander is het helemaal. Voor die ander kan dat een misschien wat vreemde, maar toch bijzonder prettige ervaring zijn. 'Wow! Eindelijk iemand die ziet hoe fantastisch ik eigenlijk ben.' Het vervelende is echter dat het slechts duurt tot de eerste keer waarop je niet helemaal aan de verwachtingen voldoet. En dus val je vroeg of laat van je voetstuk, in één keer in de goot. ②

Als je eenmaal van je voetstuk bent gevallen, is het niet eenvoudig weer gerehabiliteerd te worden. Geplaatst in de categorie van bedriegers en autoritaire zakken, heb je grote kans dat elke toenaderingspoging gezien wordt als een manipulatieve manoeuvre. Al je uitspraken blijken verkeerd geïnterpreteerd te worden en tot heftige reacties te leiden. ③ Het er zo maar bij laten zitten is echter ook niet makkelijk, want dat wekt pas goed de woede op van de borderline persoonlijkheid. De borderliner zal je daar niet mee weg laten komen, desnoods wordt er gedreigd met suïcide.

Iemand met zo'n heftig karakter zou er natuurlijk goed aan doen om te zorgen dat de omgeving tenminste rustig is. Helaas lokt dit karakter juist chaos en instabiliteit uit. Borderliners vervelen zich snel en zoeken telkens nieuwe stimulatie. Bij gebrek aan deining dreigen chronische gevoelens van leegheid de overhand te krijgen. ④ Sommige experts denken dat bij borderliners de regulering van emoties fundamenteel anders verloopt dan bij andere mensen.

Omdat het zwart-wit denken ook op henzelf betrekking heeft, zijn het onrustige zoekers. Het beeld dat ze van zichzelf hebben is weinig uitgekristalliseerd of telkens wisselend. Dit kan bijvoorbeeld ook gelden voor hun seksuele oriëntatie. Ze zijn kwetsbaar voor de verleidingen van hypes, die de hoop doen opleven dat dit hun leven zal veranderen en rust, liefde en stabiliteit zal brengen. ⑤

"IK WORD NOOIT MEER AARDIG, HENK.
HOU DAAR REKENING MEE."

"HET IS ZO VERDOMDE WEINIG CONTROVERSIEEL WAT JIJ DOET, AD...."

"DAAR HEB JE HET GEDONDER AL!
HELEMAAL LESBISCH GEWORDEN
EN NOG BEN JE NIET GELUKKIG."

Natuurlijke vindplaatsen
Mensen met een borderline *stoornis* zijn veel vaker dan gemiddeld in hun jeugd slachtoffer geweest van incest, geweld of emotionele verwaarlozing. Hun persoonlijke grenzen zijn dus vaak genegeerd en met voeten getreden. Het is tragisch dat ze in hun volwassen leven nog steeds veel moeite hebben om hun persoonlijke grenzen aan te geven, en angstig worden van intimiteit. Door schade en schande hebben ze vaak al vroeg geleerd hoe gevaarlijk het kan zijn om mensen te vertrouwen. In tegenstelling tot de paranoïde persoonlijkheid, die mensen ook niet vertrouwt, hebben borderliners echter ook geen vertrouwen in zichzelf, waardoor ze toch naar relaties blijven zoeken.

Hierdoor hebben borderline persoonlijkheden niet vaak een langdurige, stabiele relatie, en zijn zij kwetsbaar voor de verleidingen van oplichters en charlatans. Er bestaat dus een gerede kans dat ze zich laten uitbuiten in een relatie die niet goed voor ze is, of volgeling worden van een goeroeachtig type dat ze een beter bestaan voorspiegelt. ⑥

Ze kunnen echter ook sterk appelleren aan de reddersfantasieën van anderen. Daardoor kan er dus ook een relatie ontstaan waarin ze de uitbuitende partij zijn van een goedbedoelende maar veel te bange partner, die ze onder dreiging van suïcide alle hoeken van de kamer laten zien.

Omgangsregels
Omgang met iemand met een borderline persoonlijkheid is moeilijk en kan emotioneel uitputtend zijn. Hun gedrag roept heftige gevoelens op bij hun omgeving, vooral angst en medelijden, maar vooral ook onmacht en woede. Door hun instabiliteit en heftige emoties doen ze telkens een beroep op anderen, en testen daarbij voortdurend hoe ver ze kunnen gaan. Als je ze daarbij niet tijdig een halt toeroept, zul je ervaren dat er niets van je privacy overblijft. Onder druk van heftige emoties, verwijten, depressies of suïcidedreiging laten mensen zich alle kanten opsturen. Dingen die bij andere mensen gewoon zijn, bijvoorbeeld het verzetten van een afspraak, kunnen bij borderliners tot zulke heftige reacties leiden dat de neiging groot kan worden om ze in alles tegemoet te komen. Dat is natuurlijk niet vol te houden.

"WAAROM PROBEER JE NIET EEN TIJDJE EEN LEUKE GODSDIENST?"

"MOCHT JE MISSCHIEN VINDEN DAT IK EEN LASTIG WIJF BEN... TOEN IK NOG GEZOND WAS, WAS IK NOG VÉÉL LASTIGER."

Borderline persoonlijkheid

De basis van elke succesvolle omgang met een borderline persoonlijkheid is het handhaven van heldere, consistente grenzen. Wees duidelijk, transparant en betrouwbaar. U zult moeten afspreken dat er heel duidelijke voorwaarden zijn aan de relatie: zo vaak zien we elkaar, deze dingen doen we samen en die niet, en op deze manier zal ik reageren als je me belt omdat je je slecht voelt. Probeer deze boodschap vriendelijk en niet beschuldigend te brengen. U zult moeten uitstralen dat u de relatie de moeite waard vindt, en dat het verder niet wezenlijk uitmaakt of de ander zich gedraagt of compleet op zijn kop gaat staan. U hoeft daarbij niet te doen alsof u daar geen last van hebt of alsof het u allemaal koud laat. De kern is dat u hem of haar nog steeds even veel waard vindt, en zich niet zult laten verleiden tot dingen die u niet hebt afgesproken. Hoe beter u dit weet vol te houden, des te groter de kans dat het extreme gedrag uitdooft.

Er is een belangrijke troost, zowel voor borderliners zelf als voor hun omgeving: bij veel borderline persoonlijkheden gaan bij het ouder worden (zo rond de veertig) de scherpe kantjes er vanzelf enigszins vanaf. ⑦

Hulpeloos en onderdanig
Afhankelijke persoonlijkheid

Kenmerken
Hulpeloosheid en onderdanigheid zijn de kernwoorden van de afhankelijke persoonlijkheid. Afhankelijke mensen zien zichzelf als zwak, incompetent en niet in staat om zelfstandig een bestaan op te bouwen. Ze proberen zich uit alle macht te hechten aan een sterke partner, die ze denken nodig te hebben om gelukkig te zijn en die als buffer naar de boze buitenwereld kan dienen. Helaas hebben ze vaak zo'n haast om een partner te vinden dat ze zich vastklampen aan de eerste de beste die sjoege geeft, hetgeen uiteraard een risico op teleurstellingen met zich meebrengt. ①

In het eerste contact kunnen ze een heel prettige indruk maken. Ze zijn attent, luisteren graag naar de ander, en stellen zich heel flexibel en coöperatief op. Hun zelfvertrouwen is echter laag, en ze vragen veel goedkeuring en bevestiging. Dit kan ook weer appelleren aan de grootheidsgevoelens van de ander. Het duurt echter meestal niet lang voor het gebrek aan daadkracht en eigen mening anderen begint te irriteren. Uit zichzelf zal een afhankelijk iemand weinig ondernemen, maar passief wachten op signalen uit de omgeving over wat er verlangd wordt. ② De basisgedachte van afhankelijken is: 'Ik ben zwak en hulpeloos.' Daaruit komen weer andere gedachten voort, zoals: 'Als ik verlaten word, ga ik te gronde' en 'Zonder iemand die voor me zorgt, word ik nooit gelukkig.'

Het onderdanige gedrag van afhankelijken kan dus uiteenlopende reacties uitlokken, soms afhankelijk van hoe lang men er al mee te maken heeft. De eerste indruk kan positief zijn, je krijgt immers zelf alle ruimte. Zoveel ruimte echter dat mensen de neiging krijgen om te kijken hoe ver ze kunnen gaan. Soms is dat heel ver. ③

Het is niet uitgesloten dat de mevrouw op pagina 77 gepoogd heeft haar afhankelijke vriend te dumpen, maar zich nu al verkeken blijkt te

"KAN IK NOG NEE ZEGGEN OF IS DAT EEN GEPASSEERD STATION?"

"TITIA.... IK HEB M'N BOEK UIT."

"WE HADDEN HIER GISTEREN AFGESPROKEN."

Zo ben ik nu eenmaal!

hebben op zijn kleefkracht. Of misschien was de bedoeling om eindelijk eens een stevige reactie uit te lokken – als dat zo is, mag ze eigenlijk wel tevreden zijn dat hij überhaupt laat weten dat de afspraak gisteren was.

De kleefkracht van afhankelijken werkt dus op de zenuwen en lokt een dominante houding van de tegenpartij uit, maar kan die ook versterken. Dit laatste kan in sommige gevallen zo uit de hand lopen dat er een soort sadomasochistische relatievorm ontstaat.

Afhankelijken maken een hulpeloze indruk. Aan de zijde van een sterkere persoonlijkheid kunnen ze redelijk functioneren – de paniek slaat toe bij de gedachte aan zelfstandigheid. Ze zoeken dus een sterkere partner om de contacten met de buitenwereld voor hen te reguleren, en die de belangrijke beslissingen in het leven voor hen kan nemen. Voor sommige partners kan dat een aantrekkelijke rol zijn – het appelleert aan reddersfantasieën. Al gauw wordt het echter benauwend en verstikkend. Pogingen om de ander zelfstandiger te laten functioneren zijn tot mislukken gedoemd, want de denkfout die afhankelijken maken is dat zelfstandigheid hetzelfde is als eenzaamheid.

Zeker als de ander zelf ook niet al te sterk in zijn of haar schoenen staat, kan het dus gebeuren dat die ander het niet meer over haar hart kan verkrijgen om de afhankelijke de laan uit te sturen. De uitgestraalde hulpeloosheid kan zo groot zijn dat de angst ontstaat om door beëindiging van de relatie een catastrofe aan te richten. ④

Net als de vermijdende persoonlijkheden zijn afhankelijken erg angstig in de omgang met anderen, echter primair vanuit een sterke behoefte om beschermd en verzorgd te worden. Een vermijdende persoonlijkheid gaat relaties uit de weg uit angst voor kritiek, een afhankelijke persoonlijkheid klampt zich vast aan een relatie. Afhankelijken zijn dan ook voortdurend bang om in de steek gelaten te worden, en ze zullen alles doen om het de partner naar de zin te blijven maken. ⑤

Afhankelijke mensen hebben extreme moeite om zelfs alledaagse beslissingen te nemen zonder voortdurende goedkeuring en geruststelling door anderen. Hun automatische reactie is om zich naar de ander te voegen, of te zeggen dat ze het eens zijn met de ander, ook als

"IK VOND HEM INDERTIJD ZO ZIELIG.
NOU, TOEN ZIJN WE MAAR GETROUWD."

Afhankelijke persoonlijkheid

dat in werkelijkheid niet zo is. Sommige mensen zijn zo bang voor afkeuring of verlating dat ze nooit goed leren om voor hun mening uit te komen, of sterker nog, nauwelijks het vermogen ontwikkelen om zich een mening te vormen. Daarbij worden ze soms 'geholpen' door het complementaire karakter van hun partner. ⑥

Natuurlijke vindplaatsen

Eén ding weten afhankelijken zeker: alleen gaat het niet. Extreme exemplaren treft u dus aan in een relatie waarin ze compleet gedomineerd en soms zelfs uitgebuit worden. Dat hoeft niet per se de relatie met een partner te zijn, met een van de ouders kan ook een afhankelijke relatie ontstaan. Als iemand met een afhankelijke persoonlijkheid eenmaal een partner heeft, is de gedachte om die partner te verliezen zo angstaanjagend dat mensen soms verkiezen om zich jarenlang te laten misbruiken of uitbuiten. De uitbuiting kan sterke vormen aannemen, zoals wanneer iemand lichamelijk geweld tolereert, of jarenlang de ogen sluit voor opzichtige buitenechtelijke escapades. Het kan er ook iets subtieler aan toe gaan, zoals wanneer iemand telkens maar zijn of haar behoeftes en verlangens wegcijfert. ⑦

Als de relatie dan toch tot een einde komt, bijvoorbeeld doordat de partner ervandoor gaat, zoeken ze pijlsnel iemand anders die als bron van verzorging en steun kan dienen. Afhankelijke mensen zijn kwetsbaar voor de verleidingen van charismatische figuren, bijvoorbeeld de leiders van sektes, maar ook die van politieke partijen of actiegroepen. Ook kan het gebeuren dat ze zich overmatig hechten aan hun chef op het werk.

Omgangsregels

Een van de belangrijkste problemen in de omgang met afhankelijken is het feit dat de gedachte aan zelfstandigheid en autonomie voor hen angstaanjagend is, omdat ze dan minder hulpeloos zullen zijn en verwachten zomaar verlaten te zullen worden. Elke poging om een afhankelijk iemand te veranderen zal dus stuiten op sterke weerstand als dit centrale probleem genegeerd wordt.

6

"HANS, IK WEET HET NOOIT BIJ JOU....
MAG IK DIT MOOI VINDEN?"

"HÈB JE NOU ALLES?"

"LAAT MIJ MAAR IETS VOOR JE UITZOEKEN, ANDERS NEEM JE WEER HET VERKEERDE."

Afhankelijke persoonlijkheid

Als u een afhankelijk iemand probeert te helpen veranderen, is de eerste valkuil dat hij of zij te veel appeleert aan uw reddersfantasieën. Na enige tijd komt u tot de ontdekking dat u de complete regie voert over het veranderingsproces, en dat het desondanks niet opschiet. Uit ergernis daarover trekt u de touwtjes nog eens extra aan, en als dat niet blijkt te helpen, gooit u het bijltje erbij neer. Verandering zal sowieso geleidelijk plaats moeten vinden, in het diepe gooien heeft geen zin. Soms zijn de alledaagse sociale vaardigheden of de vaardigheden om problemen op te lossen zo lang niet gebruikt of onderontwikkeld, dat in het diepe gooien alleen maar leidt tot nieuwe mislukkingen.

Dit betekent niet dat verandering onmogelijk is. Afhankelijken lijden zelf vaak ernstig onder de situatie en kunnen dus wel degelijk gemotiveerd zijn om te veranderen. Vaak is het beter om bij het streven naar verandering geen langetermijndoelen te noemen. In het begin zijn die doelen helemaal niet aantrekkelijk. Ook globaal geformuleerde doelen, zoals 'zelfstandiger worden' of 'meer autonomie' kunnen contraproductief werken. In plaats daarvan is het beter kleine, concrete stappen te formuleren, zoals 'beslissen waar we de volgende keer uit eten gaan' of 'op de volgende verjaardagsvisite minimaal een half uur uit de buurt van mijn partner blijven'.

Het is belangrijk dat de afhankelijke zulke stappen zelf leert bedenken. Het automatisme om zich in conversaties geheel door de ander te laten leiden kan zo sterk zijn, dat ook hier het initiatief wordt overgelaten aan de ander. ⑧ Dat laatste is ook een valkuil bij psychotherapie – nu wordt de therapeut de grote leidsman of -vrouw.

Controle en perfectie
Dwangmatige persoonlijkheid

Kenmerken
Controle en perfectie zijn de kernwoorden van de dwangmatige persoonlijkheid. Deze mensen houden van netheid, overzichtelijkheid en voorspelbaarheid, en zijn rigide.

Een klassiek exemplaar is te herkennen aan zijn verzorgde uiterlijk en leefomgeving. In tegenstelling tot de narcist, die er ook zeer verzorgd uit kan zien, is de dwangmatige echter kleurloos. De narcist is extravert, de dwangmatige steekt liefst zo min mogelijk af tegen de omgeving. Het uiterlijk is dus meestal verzorgd en altijd doordacht, maar niet flamboyant. Net als bij de vermijdende persoonlijkheid kan het uiterlijk grijzemuisachtig zijn, en de garderobe bestaan uit een beperkte variatie aan fletse kledingstukken. Niets is ondoordacht aan de inrichting van het huis. Stoelen en banken staan op de centimeter nauwkeurig opgesteld, en het is niet de bedoeling daar iets aan te veranderen. Boeken en cd's staan strak in het gelid. Alles heeft zijn vaste plek, en indien mogelijk worden dingen symmetrisch neergezet en opgehangen. ①

Dwangmatigen besteden echter zoveel aandacht aan het perfectioneren van details dat ze geen zicht krijgen op het grotere geheel. Daardoor kan het bijvoorbeeld gebeuren dat allerlei aspecten van de inrichting perfect in orde zijn, maar dat de verschillende aspecten niet goed op elkaar zijn afgestemd, waardoor het eindresultaat smakeloos wordt of toch zelfs een rommelige indruk maakt. Ze zijn bovendien slecht in staat om dingen weg te gooien. Door dit onvermogen stapelen de spullen zich op; alle bijlagen van kranten worden bijvoorbeeld eindeloos bewaard, waardoor pilaren van papier ontstaan.

Gierigheid is een ander kenmerk. Als geen ander is de dwangmatige zich bewust van de onzekerheid van de toekomst, en dus moet er geld opgepot worden voor toekomstige rampspoed. Het huis, de voorraadkast en de garderobe worden gevuld met koopjes. Ook met hun tijd

"WAAROM IS HET HIER ZO'N PUINHOOP?"

zijn ze niet scheutig; ze hebben hun eigen agenda, en kunnen zich moeilijk aanpassen als die doorkruist wordt. Een dwangmatige chef zal proberen extreem efficiënt met zijn tijd om te gaan, daarbij uit het oog verliezend dat de arbeidsvreugde en productie meer bevorderd zouden worden als hij meer aandacht aan zijn medewerkers zou schenken.

Bij sommigen leidt de dwangmatigheid tot een Spartaanse levenswijze. De thermostaat staat altijd net te laag, de verlichting is karig. Ze doen telkens het licht uit in kamers die ze verlaten, waardoor huisgenoten voortdurend in het halfdonker naar de schakelaars lopen te zoeken. Telefoongesprekken zijn kort, vooral indien de dwangmatige zelf gebeld heeft en dus voor de gesprekskosten opdraait. Ook als de dwangmatige geld genoeg heeft, wordt een werkster te duur geacht of zo slecht betaald dat ze zelf na korte tijd opzegt. Zo kan het dus gebeuren dat een perfectionistisch mens toch in een wat morsige omgeving leeft. Sommige exemplaren bezuinigen echt op alles... ②

Beslissingen nemen is extreem moeilijk voor deze mensen, want fouten maken is vreselijk. Als onduidelijk is wat de juiste beslissing is, kan dat een verlammende werking op hen uitoefenen. Ze zullen dus lang doen over een beslissing, soms zo lang dat het niet meer nodig is. Als ze echter een besluit hebben genomen, zijn ze daar niet zomaar weer van af te brengen. De koppigheid om de dingen precies op hun manier te doen is groot. Desnoods zeggen ze 'ja' en doen ze 'nee'. Spontaniteit is bij hen ver te zoeken. Meer in het algemeen hebben dwangmatigen moeite om ambiguïteit of onzekerheid te hanteren, en moeite met het herkennen van en praten over emoties. ③ Emoties die ze beter herkennen zijn teleurstelling, spijt en angst. Als er echt dingen fout gaan, kunnen ze makkelijk somber of depressief worden.

De centrale angst van dwangmatigen is dat ze het allemaal niet meer in de hand zullen houden, en overspoeld zullen worden. Om dit te voorkomen en te compenseren ontstaat een systeem van regeltjes. Als ze iets willen bereiken zullen ze proberen maximale controle te verkrijgen over hun eigen gedrag en dat van alle andere betrokkenen. Ze zijn daarbij sterk normerend – anderen voelen zich onder druk gezet en gedwongen. Vaak blijven dwangmatigen echter steken in de-

"ACH, HEMELTJE.. GAAN WE NU OOK AL OP DE TIJM BEZUINIGEN?"

"SINDS IK MET JOU BEN HEB IK NOG GEEN DAG GELACHEN."

tails, waardoor hun doel niet of slechts met enorme vertraging wordt bereikt. In sommige gevallen blijft men al steken in de voorbereiding en komt men dus aan het eigenlijke werk niet eens toe. ④

Mensen met deze persoonlijkheid hebben onredelijk hoge standaarden – voor zichzelf, maar ook voor anderen. Deze anderen wordt regelmatig het bloed onder de nagels vandaan gehaald, niet alleen door hoge eisen aan hen te stellen, maar door er ook nog eens rigide en gedetailleerde ideeën op na te houden over hoe het doel precies bereikt moet worden. ⑤

Dwangmatigen zijn overmatig toegewijd aan hun werk, ten koste van ontspanning en vriendschappen – echte *workaholics* dus. Ze hebben altijd het idee dat ze iets nuttigs moeten doen. Als ze dan op vakantie gaan, gaat het perfectionisme uiteraard mee, en zo kan het gebeuren dat de vakantie voor de reisgenoten minder als vakantie aanvoelt dan waarschijnlijk de bedoeling was. ⑥

Een dwangmatige persoonlijkheid is niet hetzelfde als een dwangstoornis. Dit laatste, ook wel obsessief-compulsieve stoornis genoemd, uit zich bijvoorbeeld in smetvrees of controledwang. Mensen met deze diagnose zijn uren per dag kwijt met allerlei rituelen, zoals het schoonmaken van hun huis, handenwassen of met het controleren van sloten of de gaskraan. Een dwangstoornis kan ook iemands persoonlijke leven geheel in beslag nemen, en zeer hardnekkig en invaliderend zijn, maar is in principe behandelbaar met medicijnen of met gedragstherapie. Mensen met een dwangmatige persoonlijkheid hebben dus niet een milde, chronische vorm van deze stoornis, en hebben zelfs geen groter risico dan anderen om deze stoornis te krijgen.

Natuurlijke vindplaatsen
Dwangmatigen werken niet graag in teamverband, tenzij ze ook een beetje een sadomasochistische inslag hebben. Ze ergeren zich te veel aan de manier van werken van hun collega's – en andersom. Ook het delegeren van taken is hen een gruwel, want niet delegeren scheelt hen een hoop onzekerheid en gecontroleer. Het perfectionisme en de toewijding aan het werk kunnen bij de mildere exemplaren uiteraard hun

"OF ZAL IK MAAR HELEMAAL NIET PROMOVEREN, WAT VIND JIJ, ANS?"

"... MAAR LAAT DE SAUS VOORAL NIET TE MOLLIG WORDEN, LUCHTIG EN VEDERLICHT EN ALLEEN MAAR EEN VLEUGJE DRAGON EN VOORZICHTIG MET DE BALSAMICO-AZIJN EN..."

6

"HOEVEEL ROMAANSE KERKJES NU NOG, GEERT?"

voordelen hebben. Voor sommige posities (luchtverkeersleiders, chirurgen, internisten, accountants) is iemand met een vleugje dwangmatigheid een geruststellende gedachte.

Het kan voor de omgeving uiteraard ook wel makkelijk zijn: omdat er voor een dwangmatig iemand toch maar één manier is om iets goed te doen – namelijk *zijn* manier – neemt hij u relatief vaak een taak uit handen. ⑦ Het nadeel is dat het al snel vertragend en contraproductief werkt, en alles verzandt in details. ⑧

Bovendien hebben dwangmatigen de vervelende gewoonte om hun collega's voortdurend het gevoel te geven dat ze onder de maat presteren, en slordig en onnadenkend zijn. Als iedereen het erover eens is dat het dit keer eens handig zou zijn om van vaste regels en procedures af te wijken, kan u dat op een preek komen te staan over het belang van de regels, de geschiedenis van die regels, en hoe groot het risico is dat we ons hiermee op een hellend vlak gaan bewegen…enzovoort, enzovoort, zodat ze bekend komen te staan als 'adviseur'. ⑨

Dit gedrag is uiteraard niet beperkt tot de werksituatie, ook huisgenoten en vrienden worden danig op de proef gesteld. Dwangmatigen worden dus als overdreven gewetensvol gezien, en als star en koppig. ⑩

Omgangsregels

Extreem dwangmatige mensen kunnen een verlammende werking uitoefenen op de productiviteit, niet alleen die van henzelf, maar ook die van de mensen met wie zij moeten samenwerken. Indien mogelijk doet men er dus goed aan hen naar een vrij geïsoleerde positie in de organisatie te verplaatsen. Als dat kan zijn alle partijen beter af, en wordt voorkomen dat collega's hun toevlucht nemen tot hardere maatregelen. ⑪

Het tragische aan het onproductieve gedrag van de dwangmatige is het feit dat het gemotiveerd wordt door een sterke behoefte om het goed te doen en mensen te helpen. Dat verklaart ook het onvermogen beslissingen te nemen: waar een beslissing valt, is misschien iemand niet helemaal tevreden. Soms kunnen zaken enigszins vlot getrokken worden als men de dwangmatige door het beslissingsproces heen helpt. Daarbij is belangrijk om voorzichtig te proberen erachter te komen

"ZOU U WILLEN AFRONDEN?"

"HIJ HEEFT HIER VOORNAMELIJK EEN ADVIZEURENDE FUNCTIE."

"IK WEET DAT JE HET ALLEMAAL GOED BEDOELT, MAAR IK WORD ZO MÓE VAN JE, HENK."

11

"HEM OP EEN FOUT BETRAPPEN LUKT NIET. KUNT U NIET VOOR MIJ PROBEREN OM HEM GEWOON WEG TE PESTEN?"

Dwangmatige persoonlijkheid

wat precies de beslissing ophoudt. Is de dwangmatige soms beducht voor de reactie van een bepaald iemand? Bespreek dan hoe met mogelijk negatieve reacties omgegaan kan worden, maar benadruk vooral dat deze persoon echt niet van porselein is, en dus wel tegen dit stootje kan. Beloof de dwangmatige uw steun na de beslissing (en kom dat na). Verder kan het ook helpen om alle voor- en nadelen van bepaalde beslissingen samen op een rijtje te zetten, daar gewichten aan te geven, en zo de beslissing enigszins mathematisch te benaderen. Neem in de calculatie ook de nadelen op van het uitstellen of niet nemen van de beslissing. Het kan zijn dat uw dwangmatige deze simpele probleemoplossingsvaardigheid nog niet meester is.

Zulke strategieën kunnen ook helpen om aan een dwangmatige een genomen beslissing uit te leggen. Als u dus zelf gewend bent om meer intuïtief beslissingen te nemen, bijvoorbeeld door u beslissingen voor te stellen en af te gaan op uw gevoel, besef dan dat zoiets voor een dwangmatige onbegrijpelijk is. Misschien moet u achteraf nog wat extra moeite doen om uw dwangmatige ondergeschikte of collega te overtuigen. Het kost extra tijd, maar kan lonend zijn.

Als u te maken hebt met een dwangmatige beslissingsvermijder in uw werk, kan bij u gemakkelijk de neiging ontstaan om sommige beslissingen maar helemaal niet meer voor te leggen. Dit is een begrijpelijk verlangen, maar is meestal toch niet verstandig. De tijdwinst die dat oplevert wordt weer tenietgedaan door het tijdsverlies dat ontstaat als de dwangmatige erachter komt dat hij gepasseerd is. Op de lange termijn is het misschien lonender om juist meer advies te vragen, vooral over zaken waar eigenlijk maar één beslissing mogelijk is. Bijvoorbeeld, u hebt zelf beslissingsbevoegdheid over aankopen tot een bepaald bedrag, en u hebt verschillende offertes aangevraagd voor de aankoop binnen uw bevoegdheid. Als een van de offertes nu duidelijk de beste is, leg uw voorgenomen aankoop dan toch nog voor aan uw dwangmatige chef. In zo'n geval zal hij het vrij snel met u eens zijn – dat geeft u beiden een tevreden gevoel, en in het brein van uw chef zet zich de overtuiging vast: 'Die De Vries houdt zich tenminste aan de regels!' Daar kunt u later dan weer uw voordeel mee doen.

Schaamte en faalangst
Vermijdende persoonlijkheid

Kenmerken
Schaamte en faalangst zijn de kernwoorden van de vermijdende persoonlijkheid. Mensen met deze persoonlijkheid zijn extreem verlegen en bang voor wat anderen van hen zullen vinden. Ze voelen zich incompetent, minder waard dan anderen, en zijn altijd maar bang afgewezen te worden of zichzelf ten overstaan van anderen belachelijk te maken. Door hun extreme faalangst gedragen ze zich zo ongemakkelijk of ontwijkend dat ze ook werkelijk het risico lopen dat anderen hen een beetje vreemd vinden. Hetgeen waar ze bang voor zijn – dat ze zullen blozen, niet uit hun woorden zullen komen, een nerveuze indruk maken – heeft bij hen grotere kans om echt te gebeuren dan bij iemand anders. ①

Dat is echter niet de kern van het probleem. Ze zijn zo op zichzelf gericht dat ze veel sneller dan anderen minieme gewaarwordingen bij zichzelf opmerken. Dus als ze zich warm voelen worden, hebben ze meteen het idee dat ze een kop als een boei hebben – soms is er dan nog niets aan hen te zien. Daar komt nog bij dat ze er wilde ideeën op na houden over wat anderen daar dan weer van zullen vinden. Ze gaan er meteen vanuit dat de ander hun blozen niet alleen opmerkt, maar dat ook vervelend en afwijkend zal vinden. De gedachte dat iemand anders blozen normaal zou kunnen vinden, of misschien zelfs charmant, of dat hij er niks van zou kunnen vinden, komt niet in ze op. Maar daarmee is de vermijdende persoonlijkheid nog niet klaar met het trekken van conclusies over wat de ander niet allemaal zal denken. Het oordeel van de ander zal namelijk niet zijn 'Goh, vandaag is ze kennelijk wat nerveus' maar 'Wat een zenuwpees, wat een verschrikkelijk mens!'

Zo raken ze verstrikt in een vicieuze cirkel waarbij ze zich steeds afschuwelijker voorstellingen maken over sociaal contact, en allerlei ex-

"O, dat is m'n vriend. Hij is een beetje verlegen."

Zo ben ik nu eenmaal!

cuses verzinnen om zich er zoveel mogelijk aan te onttrekken. Verjaardagen worden afgezegd vanwege zogenaamde andere verplichtingen of met een gefingeerd griepje. Een relatie of vriendschap zullen ze niet aan durven gaan, tenzij ze op een of andere manier van tevoren zeker weten geaccepteerd en aardig gevonden te zullen worden. Sommigen komen nauwelijks buiten een kleine kring van naaste familieleden.

Er bestaat een grote angst om op te vallen. Mensen met deze persoonlijkheid kleden zich zo onopvallend mogelijk, zitten als een muurbloempje op verjaardagen en feestjes en vinden dat ze niks interessants te vertellen hebben. Het resultaat van hun kleurloos gedrag en afwachtende houding is natuurlijk dat ze door veel mensen compleet genegeerd worden. ② Ze stellen zich min of meer verdekt op, kijken mensen niet aan, dus je moet een grotere drempel dan gewoonlijk over om zo iemand aan te spreken. Als iemand dat dan toch probeert, krijgt hij zo weinig respons dat hij het gevoel krijgt dat de gesprekspartner zich ongemakkelijk voelt, en deinst weer terug. Het kan ook gebeuren dat het gedrag door anderen geïnterpreteerd wordt als gebrek aan interesse, en daardoor irritatie opwekt. ③

In tegenstelling tot de schizoïde persoonlijkheid, die ook zoveel mogelijk contact vermijdt, verlangt de vermijdende persoonlijkheid er wel naar om gewoon aan het sociaal verkeer deel te nemen. Ze zouden graag vrienden hebben, intiem zijn met anderen en voor hun mening uit willen komen, maar de angst om gekwetst of afgewezen te worden belet hen om de eerste stappen te zetten. Door de extreme vermijding, die vaak al in de jeugd is begonnen, kan het ze ook ontbreken aan de meest basale sociale vaardigheden. Vaak hebben ze er wel fantasieën over dat het ooit allemaal goed met ze zal komen, maar dan via een soort magische oplossing, want ze hebben geen idee hoe ze dat moeten aanpakken. ④

Een verdere complicatie bij het actief zoeken naar oplossingen is dat ze zich vaak angstig en somber voelen, maar tegelijkertijd die gevoelens slecht verdragen. Dus in plaats van actie te ondernemen proberen ze die gevoelens te vermijden door geen contacten aan te gaan of door ze te dempen met alcohol of kalmeringsmiddelen.

"WÈLNEE! DIE VERMAAKT ZICH WEL?"

3

"O, DAAR IS ELS MET HAAR STAANDE SCHEMERLAMP."

"WAAROM KENNEN WIJ ZO WEINIG INTERESSANTE MENSEN?"

Zo ben ik nu eenmaal!

De centrale angst van de vermijdende persoonlijkheid is door de mand te vallen. 'Als mensen me beter leren kennen, zien ze wie ik werkelijk ben en laten ze me vallen. En dat is onverdraaglijk'. Hiernaast ziet u hoe de nachtmerrie van een vermijdende man werkelijkheid wordt. ⑤

Natuurlijke vindplaatsen
Vermijdende persoonlijkheden zijn het liefste thuis. Maar erg gelukkig voelen ze zich daar niet, want het gemis is groot. Na een kortstondige opluchting over een afgezegde afspraak komen de wroeging en het zelfmedelijden over het beperkte bestaan. Ze werken vaak onder het niveau dat ze intellectueel aankunnen, omdat ze een baan zoeken waarin ze veel alleen kunnen werken, en bijvoorbeeld niet vaak hoeven te vergaderen. Zo werken ze dus in posities waar ze zo min mogelijk met andere mensen in contact komen. In de lunchpauze hebben ze meestal nog wat werk te doen, waardoor ze niet meekunnen naar de kantine. Ook bedrijfsfeestjes en recepties worden met allerlei smoesjes vermeden. Vergaderingen worden stilletjes bijgewoond, en kritiek wordt ingeslikt of pas achteraf en in zeer afgezwakte vorm gebracht. ⑥

Een relatie durven ze niet aan te gaan, tenzij ze er van tevoren zeker van zijn dat ze geaccepteerd zullen worden. Als die relatie er dan eenmaal is, zullen ze zich in allerlei bochten wringen en desnoods hun belangen met voeten laten treden om het de ander maar naar de zin te blijven maken. Een gezond conflictje op zijn tijd is echt niet aan hen besteed. Dat kan voor sommige partners een aanlokkelijke situatie zijn; ze kunnen rustig hun gang gaan en kritiek krijgen ze toch nooit te horen – of pas zo laat dat er toch niets meer aan te doen is. ⑦

Een nadeel is dan alleen dat je partner op feestjes en dergelijke voortdurend aan je vastgekleefd zit. Bij andere partners werkt het gebrek aan pit en weerwerk op een gegeven moment averechts en brengt het ze tot razernij. ⑧

Omgangsregels
De natuurlijke reactie op vermijders kan twee kanten opgaan: ze links laten liggen of ze 'dwingen' tot contact. Als u de vorige hoofdstukken

"JIJ BENT EEN LIEVE, KWETSBARE MAN, DICK... MAAR WE ZIJN DE LAATSTE JAREN DÓÓDGEGOUID MET LIEVE, KWETSBARE MANNEN, DICK..."

6

"WEET JE WAT IK EEN BEETJE ONHANDIG VIND? DAT WE ALLES PAS ACHTERAF TE HOREN KRIJGEN."

"DAT WEEKENDJE SAMEN NAAR PARIJS, DRIE JAAR GELEDEN, WAAROM IS DAT EIGENLIJK NOOIT DOORGEGAAN?"

"MET JOU RUZIE MAKEN, DAAR IS GEEN AARDIGHEID AAN, WEET JE DAT?"

Vermijdende persoonlijkheid

heeft gelezen, begrijpt u inmiddels dat het meestal geen goed idee is om uw intuïtieve reactie te volgen. Wat wel verstandig is om te doen hangt nogal af van de ernst van het probleem, maar het heeft dus geen zin om de vermijder in het diepe te gooien. Integendeel, mislukking is dan vrijwel zeker, en doet weer een duit in het zakje van het minderwaardigheidscomplex. Een eerste essentiële stap is dat de vermijder leert om zijn dagdroomachtige fantasieën over hoe het ooit allemaal beter zal gaan, inruilt voor doelstellingen die op korte of middellange termijn haalbaar kunnen zijn. Dat betekent dus werken met kleine, overzichtelijke stapjes. Zo'n doelstelling kan het beste concreet en specifiek ingevuld worden. Dus niet: 'normaal omgaan met mijn collega's', maar: 'de komende maand eenmaal per week in de kantine lunchen, en de innerlijke onrust verdragen die dat met zich meebrengt'. De doelstelling is dus niet dat het meteen goed moet gaan, en dat er aan de conversatie moet worden deelgenomen, maar alleen dat er een half uur in de kantine wordt gezeten. Dit voorbeeld van een doelstelling kan echter al een te grote stap zijn voor het begin van een gedragsveranderingsprogramma. Wellicht is het nodig eerst te werken aan de ontwikkeling van sociale vaardigheden; hoe ga je verder als je merkt dat je inderdaad aan het hakkelen slaat in een conversatie? Wat kun je nog meer zeggen op een feestje, behalve 'Hoe ken jij de gastvrouw?' Een cruciaal punt om te bespreken met uw vermijder zijn de irreële ideeën die hij erop nahoudt over andere mensen. Hoe weet hij eigenlijk zo zeker dat anderen überhaupt zien dat hij bloost? Zouden mensen ook andere opinies kunnen hebben over blozen dan dat degene die dat doet een watje is? Wat is er eigenlijk erg aan dat sommige mensen je niet aardig vinden?

De tragiek van de vermijder is natuurlijk dat al het ontwijken zijn doel helemaal voorbijschiet of zelfs averechts werkt. Het verstoppertje spelen valt anderen op, en die gaan zich eraan ergeren, komen met gratuite adviezen of laten de vermijder verder maar links liggen. ⑨

Een grote drempel bij het zetten van de eerste stappen naar normaler sociaal contact is de zekerheid dat dat gepaard zal gaan met gevoelens van spanning en angst – gevoelens die vermijders juist zo slecht

" VOLGENDE VERGADERING MOET U OOK EENS WAT ZEGGEN, MENEER VAN BREUKELEN. AL MAAKT U MAAR EEN GRAPJE. "

"NIEMAND HAAT ME."

verdragen. Soms denken ze dat ze de enigen zijn die daar last van hebben. Een geruststellende gedachte kan zijn dat eigenlijk iedereen deze angsten uit eigen ervaring kent. Ongeveer de helft van de mensen heeft grote problemen om te spreken in het openbaar. Nog meer mensen zijn angstig voor examens, sollicitaties of een functioneringsgesprek. Maar er is nog een besef dat kan helpen om toch een stap over de drempel te zetten en de oplopende spanning te verdragen, namelijk het besef dat als je niets doet, anderen ook een oordeel over je vormen. En ten slotte, of je nu wel of niet iets doet, je invloed op hoe anderen over je oordelen is toch maar beperkt. ⑩

Afstandelijk en zonderling
Vreemde, excentrieke persoonlijkheden

DE ZOGENOEMDE vreemde, excentrieke categorie omvat drie stoornissen die enigszins lijken op de ziekte schizofrenie. Schizofrenie is een zeer ernstig ziektebeeld, dat een vrij hoog risico heeft om chronisch te worden. Er zijn aanwijzingen dat de stoornissen behorend tot de categorie vreemde, excentrieke persoonlijkheden genetisch verwant zijn aan schizofrenie. Deze mensen hebben dus wellicht een mildere vorm van deze ziekte geërfd, waardoor zij minder symptomen vertonen, en minder ernstig.

Schizofrenie kan alle psychologische functies zeer sterk beïnvloeden: de waarneming, het denken, de spraak, de wilskracht en het gevoel. Tot de symptomen behoren onder meer: achtervolgingswanen (men denkt bijvoorbeeld afgeluisterd te worden door geheime diensten via verborgen microfoons), hallucinaties (stemmen horen, visioenen), verward denken, verwarde spraak en gebrek aan energie en spankracht (vele uren op bed liggen). Niet alle patiënten hebben al deze symptomen. De symptomen komen in episodes ('psychoses' genoemd), die meestal enkele maanden duren (maar kunnen variëren van een dag tot vele jaren) en meestal gepaard gaan met heftige angst. Deze patiënten kunnen weinig stress verdragen en lopen een groot risico om sociaal geïsoleerd te raken. Medicatie kan de symptomen verminderen of doen verdwijnen, en kan ook de weerbaarheid tegen stress verbeteren.

De drie persoonlijkheden van het vreemde, excentrieke type lijken alle drie een aspect van schizofrenie te vertegenwoordigen, maar in minder extreme mate. Mensen met een paranoïde persoonlijkheid lijden vooral aan achterdocht, en hebben moeite om mensen te vertrouwen. De schizoïde persoonlijkheid komt koud en afstandelijk over, en heeft ook geen behoefte aan contact met mensen (het kluizenaarstype). De schizotypische persoonlijkheid heeft de meer bizarre symptomen van schizofrenie, maar in mildere vorm. Deze mensen vertonen vreemd gedrag, hebben ongewone waarnemingen en denkbeelden (de excentriekeling). De oorzaak van deze drie persoonlijkheden moet waarschijnlijk in de erfelijkheid worden gezocht. Voor de schizotypische persoonlijkheidsstoornis bestaan er de sterkste aanwijzingen voor een relatie met schizofrenie, voor de andere twee zijn de resultaten van onderzoek tegenstrijdig.

Paranoïde persoonlijkheid
Kenmerken
Achterdocht is het centrale kenmerk van de paranoïde persoonlijkheid. Waar patiënten met paranoïde schizofrenie er vast van overtuigd zijn dat er een complot tegen hen gaande is (bijvoorbeeld, de CIA luistert hen af), hebben mensen met een paranoïde persoonlijkheid minder vergaande ideeën over bedreiging; in de regel zijn ze ook niet psychotisch, dat wil zeggen hebben zij het contact met de realiteit niet verloren. Niettemin zijn hun ideeën vergaand genoeg om normale omgang met anderen ernstig te belemmeren.

Paranoïde persoonlijkheden zijn bij voortduring achterdochtig en wantrouwend. De loyaliteit van bekenden of van collega's wordt telkens in twijfel getrokken, en in allerlei alledaagse gebeurtenissen of opmerkingen zien ze iets bedreigends. Er is een constante verdenking dat de motieven van de ander niet deugen, en zij zoeken en vinden daarvoor allerlei bewijzen, daarbij allerlei informatie die op het tegendeel wijst negerend. Hun centrale gedachten zijn 'Anderen zijn kwaadwillend en niet te vertrouwen' en 'Als je anderen de kans geeft, slaan ze toe.' Zij verwachten dus constant bedrogen, uitgebuit of anderszins benadeeld te worden, en zijn voortdurend waakzaam.

Helaas vinden ze veel bewijs voor hun gedachten – mensen zijn inderdaad niet altijd goedwillend, en bovendien is menselijk gedrag nu eenmaal complex en vaak voor meerdere interpretaties vatbaar. Dit alles kan leiden tot een extreem teruggetrokken iemand, maar ook tot een koud, afstandelijk persoon die voortdurend verdachtmakingen uit. ①

"GOED ZO ! ZEG NOG MAAR IETS PIJNLIJKS"

Hechte vriendschappen zijn dus moeilijk te realiseren voor deze mensen; ze zien nooit fouten in hun eigen gedrag, en geven bij voorbaat anderen de schuld. Ze hebben dus 'een kort lontje', en gaan snel in de tegenaanval. Daarbij komt dat ze niet snel vergeven of vergeten, en een jarenlange wrok kunnen koesteren naar aanleiding van een onbeduidend voorval. ②

Paranoïde persoonlijkheden die een partner hebben, zullen zeer dominant en beperkend zijn, soms op het tirannieke af. Ze hanteren strikte huisregels, en zullen niet nalaten om de naleving daarvan desnoods met intimidatie af te dwingen. Soms hebben ze hun huis op een extreme manier beveiligd, hetgeen laat zien dat angst de centrale drijfveer is. Diep vanbinnen gaat het hier om een zeer angstig mens, hetgeen het voor de partner van een paranoïde persoonlijkheid moeilijk kan maken de relatie te beëindigen. Soms houdt hij zijn partner jarenlang in de tang door te roepen dat zij uiteindelijk wel net zo verdorven zal zijn als alle anderen, en hem in de steek zal laten, waarna het leven geen zin meer zal hebben. Soms ook weerhoudt angst voor fysiek geweld een partner ervan haar biezen te pakken.

Paranoïde persoonlijkheden vervallen gemakkelijk in stereotiep denken, door bijvoorbeeld andere bevolkingsgroepen de schuld te geven van hun moeilijkheden, of van het verderf in de wereld in het algemeen. De joden, de buitenlanders, de vakbonden of het grootkapitaal hebben het dan gedaan. In wat minder extreme vorm komt dit 'externaliseren' vrij veel voor, het voordeel ervan is natuurlijk dat men van de verantwoordelijkheid voor de moeilijkheden of de mislukking verlost is. ③

Het nadeel is dat men niets leert van een negatieve ervaring, en dus telkens opnieuw zondebokken moet vinden of manieren om de verantwoordelijkheid af te schuiven.

Natuurlijke vindplaatsen
Paranoïde persoonlijkheden treft men verschanst in hun huis aan, brieven schrijvend aan klachtencommissies en beroepsinstanties, aldus meterslange dossiers opbouwend. Af en toe is er een te bezichtigen op televisie, bijvoorbeeld in het programma *De Rijdende Rechter*, klagend over

"MAAR DAT WAS IN 1949!
BEN JE DAAR NOU NOG STÉÉDS KWAAD OM?"

een buurman die hem op de meest onwaarschijnlijke manieren dwars zou zitten. Andere televisieprogramma's waarin ze wel eens optreden zijn programma's als *Spoorloos*; bijvoorbeeld als de ouder die met de noorderzon is vertrokken, en die ook vijftien jaar later nog niet genegen blijkt met zoon of dochter te praten over wat er destijds is misgegaan.

Omgangsregels
Het zal duidelijk zijn dat de omgang met een paranoïde persoonlijkheidsstoornis geen sinecure is. In uw werkomgeving zult u ze graag willen missen, omdat ze de sfeer verzieken of veel tijd verdoen met hun verdachtmakingen. Anderzijds komen ze een enkele keer misschien van pas als inspiratiebron bij het afschuiven van uw verantwoordelijkheden. ④

In uw persoonlijk leven bent u ze waarschijnlijk ook liever kwijt dan rijk. Helaas zijn ze niet snel geneigd om in behandeling te gaan. Om te beginnen is er met hen niets aan de hand, de anderen zijn het probleem. Het kan ook zijn dat ze een hekel aan psychologen hebben.

Omgang met een paranoïde persoonlijkheid in uw directe omgeving is extreem moeilijk. Het is vaak moeilijk om u niet beledigd te voelen door hun wantrouwen. Soms ook roepen ze juist een akelig schuldgevoel op – dan hebben ze met hun beschuldigingen net een gevoelige plek geraakt. Pogingen om hem ervan te overtuigen dat u te vertrouwen bent kunnen juist zijn achterdocht wekken en daardoor contraproductief zijn. Beter kunt u het wantrouwen accepteren en geleidelijk, door uw gedrag, uw betrouwbaarheid bewijzen. Probeer maximaal transparant te zijn, en probeer impulsief boze reacties op beschuldigingen te vermijden. Dat betekent niet dat u zich moet aanpassen aan onredelijke eisen. Vertel gewoon dat u bij een vriendin gaat lunchen, ook al heeft uw man achterdochtige ideeën over die vrouw. Het eind is zoek als u op uw woorden moet gaan letten om niet te verraden waar u geweest bent. Waar u zich beter wel in kan aanpassen is het gebruik van humor of milde spot – daarmee hoeft u bij een paranoïde persoonlijkheid niet aan te komen. Het zal u veel tijd en energie kosten om de schade die dat aanricht, weer recht te breien.

4

"HEEFT U MISSCHIEN NOG EEN BRUIKBARE COMPLOT THEORIE?"

Schizoïde persoonlijkheid

Kenmerken
Afstandelijkheid en vlakheid zijn de centrale kenmerken van de schizoïde persoonlijkheid. Deze persoonlijkheid lijkt enigszins op een volwassen variant van autisme, maar zonder de taalstoornissen die autisme kenmerken. Overigens zijn er geen aanwijzingen dat schizoïdie en autisme genetisch verwant zijn.

Een schizoïde persoon is als een kluizenaar. Hij verlangt noch geniet van relaties met andere mensen, op wie hij een koele, afstandelijke en emotioneel vlakke indruk maakt. Zijn sociale vaardigheden zijn niet erg goed ontwikkeld, kritiek of loftuitingen lijken hem weinig te doen, hij gaat onverstoorbaar zijn gang, het liefst alleen. Het zijn Einzelgängers, die werk doen waarbij weinig sociaal contact vereist is. ⑤

Deze mensen zijn dus het gelukkigst als ze alleen zijn. Vaak hebben ze wel het besef dat ze in dat opzicht afwijkend zijn van anderen, en soms doen ze pogingen om meer contacten te maken (wellicht aangespoord door bezorgde familieleden). Deze pogingen zijn gedoemd te mislukken: ze weten gewoon niet hoe ze een conversatie op gang moeten brengen of aan de gang moeten houden. Belangrijker nog, het interesseert ze eigenlijk niet. Soms vinden ze een gelijkgestemde ziel met wie ze een soort van sociaal contact ontwikkelen, bijvoorbeeld samen zwijgend en bier drinkend naar voetbalwedstrijden op televisie kijken. Als dan na vele jaren een van de twee verhuist, houdt het contact gewoon op. ⑥

Natuurlijke vindplaatsen
Schizoïde persoonlijkheden zijn bij voorkeur thuis. Zij werken het liefst in een functie met veel computers en weinig mensen. Collega's die proberen meer contact te maken – bijvoorbeeld, omdat ze de kriebels krijgen van dat zwijgende meubelstuk op de achtergrond, of omdat ze zich zorgen maken over zijn eenzaamheid – lopen tegen een muur. ⑦

"...EN LÉZEN DOET-IE DUS VEEL ..."

"IK WORD HELEMAAL GEK VAN ZIJN GELIJKMATIGE HUMEUR!"

Vreemde, excentrieke persoonlijkheden

Omgangsregels
Omdat het schizoïde personen ontbreekt aan de behoefte aan contact, zijn de omgangsmogelijkheden uiteraard beperkt. Sjorren helpt niet, leidt integendeel tot meer vermijdings- en oestergedrag. Weersta dus de verleiding om de schizoïde persoon door extreme uitspraken of gedragingen uit zijn tent te lokken; het zal waarschijnlijk averechts werken. ⑧ U kunt het beste proberen hen zoveel mogelijk hun gang te laten gaan en in hun waarde te laten. Als u een band met ze wilt opbouwen, moet u daarvoor zeer ruim de tijd nemen en geleidelijk te werk gaan. Wellicht krijgt u daardoor meer zicht op de belevingswereld van de schizoïde persoonlijkheid, en lukt het u om hem kleine stapjes te laten maken naar een iets breder sociaal netwerk. Pas uw verwachtingen over het eindresultaat echter aan.

Schizotypische persoonlijkheid

Kenmerken
Vreemde denkpatronen zijn het centrale kenmerk van deze persoonlijkheid. Op anderen komen ze over als zonderling of excentriek. De verwantschap met schizofrenie is hier het sterkst. Het voorkomen en het gedrag van deze mensen doet al vreemd aan, ze dragen bijvoorbeeld rare kledingcombinaties. ⑨ Verder kan hun spraak vaag en wijdlopig zijn, maar zonder te ontsporen in algehele verwardheid, zoals bij schizofrenie kan gebeuren. Ze houden er vreemde ideeën en particuliere redeneringen op na, en kunnen bijvoorbeeld ook sterk bijgelovig zijn of last hebben van *magisch denken*. Magisch denken wil zeggen: geloven dat gedachten werkelijkheid kunnen worden, alleen door ze te denken. Het gevoelsleven van schizotypische personen is ook vreemd; men vertoont weinig emoties, of de emoties zijn niet passend bij de gebeurtenis (zoals lachen bij iets tragisch). Het concentratievermogen is beperkt.

Natuurlijke vindplaatsen
Ook deze mensen gaan goeddeels hun eigen weg; in sociale situaties is er duidelijk sprake van angst. Door hun zonderlinge gedrag, wijd-

"ZOALS JIJ HELEMAAL NIET JALOERS BENT, DAT IS ZIEKELIJK, DIRK!"

"O, DAT IS HARRY. KEN IK VAN VROEGER. IS NOG STEEDS OP ZOEK NAAR ZIJN EIGEN IDENTITEIT."

lopigheid en concentratieproblemen hebben deze personen een nog kleinere kans dan mensen met een schizoïde persoonlijkheid om een gewone baan vol te houden. Soms echter weten de wat mildere exemplaren zichzelf een inkomen te verschaffen door hun veronderstelde gaven te gelde te maken. Ze bieden zich bijvoorbeeld aan als helderziende, genezer of anderszins paranormaal begaafde. Het geloof in deze verschijnselen is dermate wijdverbreid dat sommigen daar klandizie aan over weten te houden, en een enkeling krijgt zelfs een schare volgelingen. Daarmee is zeker niet gezegd dat iedereen die denkt paranormaal begaafd te zijn, eigenlijk schizotypisch is – maar het kan wel helpen. In televisieprogramma's over rare types figureren ook met enige regelmaat mensen met een schizotypische persoonlijkheid.

Omgangsregels
Omdat schizotypische personen angstig worden van meer dan oppervlakkig contact, zijn ook hier de omgangsmogelijkheden beperkt. Ook hier kunt u het beste proberen hen zoveel mogelijk hun gang te laten gaan en in hun waarde te laten. Daarmee hoeft u niet te doen alsof u ook gelooft wat zij geloven, of zich kunt voorstellen wat ze precies meemaken. Zeg gerust dat u dit soort ervaringen niet heeft. Hen proberen te overtuigen van het tegendeel, of ze proberen in het gareel te krijgen zonder dat daar een dwingende noodzaak voor bestaat, is echter geen goed idee. Het zal bijdragen aan verdere distantiëring, of als zeer stressvol ervaren worden. Dat laatste zou weer kunnen leiden tot verergering van hun denkbeelden, en tot verlies van alle contact met de realiteit, tot psychose dus.

Grenzen en mogelijkheden
Diagnoses, oorzaken en behandelingen

Diagnoses
Herkent u zich een beetje in een van de beschreven persoonlijkheden? Ik wel. Sterker nog, ik herken bij mezelf aspecten van persoonlijkheidsstoornissen uit elk van de drie categorieën. Maak ik me daar zorgen over? Welnee, zo ben ik nu eenmaal…

Als ook uw antwoord op de eerste vraag hierboven 'ja' is, moet u zich dan zorgen maken? Waarschijnlijk niet, zo vaak komen persoonlijkheidsstoornissen niet voor. Er is een gerede kans dat u bij het lezen van dit boek last hebt gekregen van *students' disease*, dat wil zeggen de neiging om allerlei symptomen van ziektebeelden bij jezelf te herkennen, en daar ten onrechte de conclusie aan te verbinden dat er iets niet met je in orde is. ①

Herkent u iemand anders in een van de beschreven types? Pas ook dan op, en trek niet te snel conclusies. Er is een aantal psychologische mechanismen dat ervoor kan zorgen dat u te snel denkt dat iemand anders een pathologisch karakter heeft.

Ten eerste is er het verschijnsel *attribution bias*. Attribution bias wil zeggen dat mensen andere maatstaven hanteren voor zichzelf dan voor anderen wanneer er vervelende dingen gebeuren. Als je iets vervelends overkomt, is voor de meeste mensen de eerste reactie te denken dat het ligt aan de omgeving. De ander gedraagt zich onredelijk of er is gewoon sprake van pech. Als je ziet dat een ander iets vervelends overkomt, zijn veel mensen geneigd een ander perspectief te kiezen: het ligt aan degene die het overkomt, niet aan de omstandigheden. Bijvoorbeeld, de aandelen die u met uw zuurverdiende spaargeld hebt aangeschaft, zijn na enkele maanden dertig procent minder waard. De meeste mensen zullen dan vinden dat ze gewoon extreme pech hebben door een onvoorziene stagnering van de economie, of geven de schuld aan hun incompetente adviseurs bij de bank. Als de aandelen

"ACH WELNEE, ER IS NIETS MET JOU AAN DE HAND. JE BENT ALLEEN MAAR HEEL ERG ONGELUKKIG, DAT IS ALLES."

van iemand anders ineens veel minder waard zijn, ben je sneller geneigd te vinden dat hij dan ook maar niet zo dom had moeten zijn.

Een tweede mechanisme dat tot verkeerde conclusies kan leiden is *confirmation bias*. Daarmee wordt het verschijnsel bedoeld dat als je beperkte informatie hebt over iemands karakter, je op basis van die informatie min of meer automatisch gevolgtrekkingen maakt over andere aspecten van die persoon. Je hebt wat wordt genoemd allerlei 'impliciete persoonlijkheidstheorieën', die soms kloppen, maar er soms ook helemaal naast zitten. Bijvoorbeeld, als iemand goedlachs is, zal zij ook wel aardig zijn, of gelukkig. En iemand die hoogintelligent is, zal ook wel arrogant zijn. Daarbij komt dat je je ook nog kan gaan gedragen naar die impliciete persoonlijkheidstheorie, en dus zonder het te beseffen allerlei gedrag bij de ander uitlokt dat je beeld bevestigt.

Sterker nog, soms houden we er een impliciete persoonlijkheidstheorie op na terwijl we helemaal geen informatie over de persoon zelf hebben, maar alleen wat uiterlijkheden of dingen van horen zeggen. ②

Was het dan wel een goed idee om dit boekje te publiceren? Door al die herkenbare schetsen van Peter van Straaten in een bepaalde context te plaatsen, heb ik misschien wel nog meer impliciete persoonlijkheidstheorieën gecreëerd, en gaat u nu allerlei normaal gedrag 'pathologiseren'. Dat verwijt is niet helemaal zonder grond, vandaar deze waarschuwende woorden. Echter, een of andere impliciete theorie houdt u er toch wel op na.

Diagnostiek van persoonlijkheid is moeilijk, en dit boek is geen vervanging van een zorgvuldig onderzoek door een klinisch psycholoog of psychiater.

Ik heb bij de beschrijving van de verschillende persoonlijkheden geprobeerd een beeld te schetsen, en met opzet niet puntsgewijs de precieze criteria genoteerd, zoals die in het officiële diagnostische systeem gedefinieerd worden. Dat heb ik gedaan omdat een rijtje met criteria maar beperkt bruikbaar is – de beslissing of een criterium wel of niet aanwezig is, vergt opleiding en ervaring. Verder is het zo dat de precieze criteria nog wel eens aangepast worden bij nieuwe edities van het classificatiesysteem, omdat het onderzoek naar persoonlijkheid

"MET DIE JONGEN MOET JE EEN BEETJE OPPASSEN... Z'N GROOTVADER WAS EEN N.S.B - ER..."

nog steeds voortgaat. Maar als u echt wilt, kunt u de criteria van alle persoonlijkheden moeiteloos vinden op het internet. Daar kunt u ook eventueel allerlei tests vinden die een persoonlijkheidsstoornis bij u diagnosticeren. Pas ook daarmee op, dit soort tests overschatten zonder uitzondering het aantal stoornissen. Met andere woorden: veel gezonde mensen krijgen door deze tests een stoornis aangesmeerd, of zelfs meerdere stoornissen.

Ook klinisch psychologen en psychiaters zullen na een eerste gesprek zelden in staat zijn om een betrouwbare diagnose met betrekking tot de persoonlijkheid te stellen – en zullen dat dus ook niet doen. Allerlei psychiatrische symptomen die in principe tijdelijk of behandelbaar zijn, zoals depressies en paniekaanvallen, kunnen ervoor zorgen dat een persoonlijkheidsdiagnose aanvankelijk niet te stellen is. Als iemand depressief is, is hij of zij bijvoorbeeld veel gevoeliger voor afwijzing door anderen. In zo'n geval kan het erop lijken dat hij een vermijdende persoonlijkheid heeft terwijl daarvan geen sprake meer hoeft te zijn nadat de depressie is opgeklaard. Ook een antwoord op de vraag hoe de situatie was voordat de depressie begon geeft geen uitsluitsel, want in een depressieve episode hebben mensen een veel te negatieve kijk op hun verleden.

En ten slotte hebben sommige mensen ook gewoon veel pech, en leven ze buiten hun schuld in erbarmelijke omstandigheden. Het hebben van veel levensproblemen is niet hetzelfde als het hebben van een afwijkende persoonlijkheid.

Oorzaken
Over de oorzaken van persoonlijkheidsstoornissen zijn bibliotheken vol geschreven; niettemin zijn er weinig vaststaande feiten. Er zijn drie soorten factoren die je karakter bepalen: erfelijkheid, gedeelde omgevingsinvloeden – de aspecten van de omgeving die je deelt met broers en zussen, bijvoorbeeld de opvoedingsstijl van ouders – en unieke omgevingsinvloeden. Theorieën over persoonlijkheidsstoornissen zijn lange tijd beperkt gebleven tot de omgevingsfactoren, maar de laatste jaren wordt het belang van erfelijkheid steeds duidelijker. ③

3

"ZEG, JE WORDT TOCH NIET NET ZO 'N ROTZAK ALS JE VADER?"

Diagnoses, oorzaken en behandelingen

Van normale karaktertrekken – bijvoorbeeld, of je meer introvert of extravert bent – is de erfelijkheid op grond van tweelingonderzoek berekend op ongeveer 50 procent. De overige 50 procent komen vrijwel geheel voor rekening van de unieke omgevingsfactoren. De gedeelde omgevingsinvloeden blijken dus veel minder belangrijk te zijn. Bij intelligentie ligt de erfelijkheid zelfs nog iets hoger dan 50 procent. Dat betekent niet zonder meer dat de erfelijkheid van persoonlijkheidsstoornissen ook rond de 50 procent zal liggen. Het blijft mogelijk dat de ontwikkeling van extreme varianten – van de persoonlijkheidsstoornissen dus – in sterkere mate bepaald wordt door de invloed van omgevingsfactoren op de genetisch bepaalde temperamenten. Voor sommige persoonlijkheidsstoornissen, zoals de antisociale en de schizotypische, is het vrij zeker dat er een grote genetische component is. Echter, een geadopteerd kind dat opgroeit bij criminele ouders heeft ook een verhoogde kans op antisociale persoonlijkheid, dus erfelijkheid is ook hier niet het hele verhaal.

Onderzoek naar oorzaken is heel erg moeilijk uitvoerbaar. Op grond van de levensgeschiedenis van individuen is het vrijwel onmogelijk veel te zeggen over oorzaken. Bijvoorbeeld, als iemand met een theatrale persoonlijkheid nare verhalen vertelt over emotionele verwaarlozing in zijn jeugd, lijkt het misschien voor de hand te liggen dat die verwaarlozing een belangrijke oorzaak is. ④ Ouders die hun kinderen verwaarlozen zijn echter waarschijnlijk zelf ook niet vrij van pathologische trekjes in hun persoonlijkheid. De kinderen van die ouders staan dus niet alleen bloot aan verwaarlozing, maar hebben misschien ook bepaald genetisch materiaal geërfd. Verder is het zo dat er op jonge leeftijd al duidelijke verschillen in temperament tussen kinderen bestaan. Het is dus ook mogelijk dat verschillende kinderen binnen één gezin verschillende opvoedingsstijlen bij hun ouders 'uitlokken'. In dat geval lijkt het verschil in opvoeding de oorzaak van een verschil in persoonlijkheid, maar in werkelijkheid is het een combinatie van erfelijkheid en opvoeding.

Soms doen ouders zulke verschrikkelijke dingen of zijn ze zo onhandig en horkerig dat het moeilijk voorstelbaar is dat de kinderen er

"...JA. MOOI. MAAK ER NOG MAAR ÉÉN...".

Diagnoses, oorzaken en behandelingen

later geen last van zullen hebben. Ergens last van hebben is echter niet hetzelfde als een psychiatrische aandoening of een gestoorde persoonlijkheid hebben.

Voor sommige persoonlijkheidsstoornissen hebben behandelaars op grond van uitgebreide klinische ervaring theorieën opgesteld over de oorzaak. Als iemand veel moeite moet doen om werkelijk gezien te worden door de ouders, bijvoorbeeld als dat alleen lukt door heftige emoties te vertonen, kan het hebben van heftige emoties een doel op zich worden, of zelfs een rechtvaardiging van het bestaan. Een dergelijke verwaarlozing zou dus een rol kunnen spelen bij hysterie, of wellicht bij de hele lastpakken-categorie. Bij de angsthazen-categorie ligt het voor de hand te denken dat een tekort aan liefde en een overmaat aan kritiek of controle een belangrijke rol speelt. ⑤

Verder is het niet uitgesloten dat een voorbeeldfunctie van de ouders ook een rol speelt, dat kinderen het gedrag van hun ouders als het ware kopiëren.

Maar zoals gezegd, het onderzoek naar oorzaken is ingewikkelder. Men kan bij hysterici die zich voor therapie melden weliswaar de levensgeschiedenis uitvragen, maar het is moeilijk om te bepalen of de subjectieve ervaring van de jeugd niet ernstig gekleurd is door de huidige pathologie. Als iemand zegt dat zij vroeger weinig echte aandacht van de ouders kreeg, is dat lang niet altijd objectief na te gaan. ⑥ Daarnaast is er dus het gegeven dat kinderen met verschillende temperamenten ook verschillende opvoedingsstijlen kunnen 'uitlokken'. Ten slotte is het belangrijk om te bedenken dat behandelaars hun theorie baseren op de mensen die zich in hun praktijk melden. Doordat zij mensen met vergelijkbare jeugdervaringen maar zonder persoonlijkheidsproblemen niet zien, kan hun zicht op het belang van opvoeding vertekend raken.

Behandelingen
Mensen met een persoonlijkheidsstoornis, of bij wie een persoonlijkheidsstoornis werd vermoed, zijn lange tijd niet populair geweest bij de meerderheid van psychotherapeuten. Met de beschikbare thera-

"WE ZIJN ERG IN JE TELEURGESTELD, JORIS"

pieën was er weinig eer aan te behalen, en deze patiënten zorgen relatief vaak voor crises. Maar tot een paar decennia geleden was er sowieso weinig eer te behalen met psychotherapie. ⑦

Mensen met persoonlijkheidsproblematiek die relatief stevig in elkaar zaten, kwamen in aanmerking voor psychoanalyse – jarenlang dagelijks een uur op de sofa, alles vertellen wat in je opkomt. Al je persoonlijkheidsproblemen ga je dan uitleven in de relatie met de therapeut, en dat was ook de bedoeling, want dat was het vehikel tot verandering. De klassieke psychoanalyse is definitief op zijn retour: de achterliggende theorie is achterhaald, de resultaten zijn ronduit teleurstellend, en het vergt een enorme investering van tijd, geld en energie.

Sindsdien is er echter veel veranderd. Er zijn veel effectievere behandelmethoden ontwikkeld voor bijvoorbeeld depressies en angststoornissen, en daar hebben mensen met persoonlijkheidsproblematiek ook vaak last van. Het gaat hier zowel om psychotherapeutische als medicamenteuze behandelingen. In principe kunnen zij van dergelijke behandelingen ook profiteren, hoewel de behandelingen vaak wel langer duren dan bij mensen zonder persoonlijkheidsproblemen. Bij sommige persoonlijkheden duurt alleen al het opbouwen van een vertrouwensband lang.

De laatste jaren worden echter ook steeds meer behandelingen ontwikkeld en getest die specifiek gericht zijn op persoonlijkheidsproblematiek. Het doel van deze behandelingen is wel aangepast. Was vroeger – als al behandeling aangeboden werd – het doel van die behandeling soms 'het geheel opnieuw opbouwen van de persoonlijkheid', tegenwoordig zijn de doelen realistischer. In het algemeen kan het doel omschreven worden als het veranderen van een persoonlijkheidsstoornis in een persoonlijkheidsstijl. Dit is niet hetzelfde als 'U moet er maar mee leren leven.' Afhankelijk van de aard en de ernst van de problematiek en van de fase van de behandeling kunnen doelen gesteld worden als het leren beheersen en voorkomen van crises, het verbeteren van sociale vaardigheden, het leren reguleren van emoties, en het veranderen van de basale denkpatronen. De aard van de therapie is anders dan de psychoanalyse. In plaats van het doelbewust

"MET EEN THERAPIETJE VAN
PAKWEG ZES, ZEVEN JAARTJES
BEN JIJ WEER HELEMAAL GOED BIJ JE HOOFD."

Diagnoses, oorzaken en behandelingen

creëren en doorwerken van een afhankelijkheidsrelatie, wordt nu zoveel mogelijk gewerkt vanuit een samenwerkingsmodel. Zittingen zijn veel gestructureerder, en soms wordt er gewerkt met oefeningen, rollenspelen, huiswerkopdrachten. Niettemin kan ook in deze meer gestructureerde behandelingen de relatie tussen de patiënt en de behandelaar van tijd tot tijd onder druk komen te staan. Ook in een samenwerkingsmodel valt niet te ontkennen dat de patiënt zich in een afhankelijke positie bevindt. Dat kan conflicten en emoties oproepen, en het kan heilzaam zijn om dat samen door te werken. Uiteraard is dit alles sterk afhankelijk van de aard en de ernst van de problematiek.

Zoals gezegd, de behandeling van persoonlijkheidsproblematiek is niet eenvoudig, en vergt geduld en meestal geruime tijd. Als de problematiek ernstig is, kan de behandeling zelfs jaren duren, maar deze zal niet al die tijd op wekelijkse basis plaatsvinden. Nog een laatste advies: als u zich bij een behandelaar meldt en hij of zij stelt u voor om voor onbepaalde tijd vijf keer per week een uur op de sofa te komen liggen, maak dan dat u wegkomt. ⑧

Verantwoording & dankwoord

Het classificatiesysteem dat de context vormt van de tekst, is de *Diagnostic and Statistical Manual of Mental Disorders*, 4th edition (DSM-IV), uitgegeven door de American Psychiatric Association (Washington DC, 1994). Bij het schrijven van dit boek heb ik een aantal leerboeken 'Abnormal Psychology' geraadpleegd, namelijk van S. Nolen-Hoeksema (McGraw-Hill, 2001), van G.C. Davison en J.M. Neale (Wiley, 2001) en van J.S. Nevid, S.A. Rathus en B. Greene (Prentice Hall, 2003). Daarnaast heb ik gebruikgemaakt van mijn eigen klinische opleiding en ervaring en boeken die ik in dat kader gelezen heb. De belangrijkste daarvan zijn *Cognitive Therapy of Personality Disorders* van A.T. Beck, A. Freman & Associates (Guilford, 1990), *Practical Management of Personality Disorder* van W.J. Livesley (Guilford, 2003) en *Handbook of Diagnosis and Treatment of DSM-IV-TR Personality Disorders* van L. Sperry (Brunner-Routledge, 2003). Ten slotte heb ik ook inspiratie opgedaan uit populair-psychologische boeken, zoals *Coping with Difficult People* van R.M. Bramson (Dell Publishing, 1981).

Mijn echtgenote, Ineke Booij, is psychiater en een kei in het herkennen van persoonlijkheidstypen. Zij heeft me enorm geholpen bij het schrijven van dit boek. Robin van Emden heeft het manuscript gelezen en van nuttig commentaar voorzien. Uiteraard blijven de opvattingen en eventuele fouten in de tekst geheel voor eigen rekening.

WILLEM VAN DER DOES
maart 2004

BIJ DE DERDE DRUK
In de verschillende hoofdstukken zijn kleine wijzigingen aangebracht, ter verduidelijking van het onderscheid tussen sommige persoonlijkheidsstijlen, en ter verduidelijking van de omgangsregels. Sommige van deze wijzigingen komen voort uit ervaringen met cursussen naar aanleiding van het boek, anderen uit de prangende vragen van journalisten, onder wie Sara de Sloover, Jean-Paul Mulders en Ellen de Bruin – mijn hartelijke dank. Ten slotte wil ik nog een omissie rechtzetten in het nawoord bij de eerste druk: veel dank aan Tosca Ruijs van Scriptum voor het bedenken van het geweldige omslag.

WvdD